人類文明小百科

Le cinéma

電　影

JACQUES PÉCHEUR　著

孟筱敏　譯

Crédit photographique

Couverture : P.1 Au premier plan, Orson Welles lors du tournage de *Citizen Kane*, possW/Gregg Toland, Ph. The Kobal Collection. De haut en bas : Jean Réno et Christian Clavier dans *Les Visiteurs* (Jean-Marie Poiré), Pr. Gaumont, Ph.Production-Jérôme Prébois ; Charlie Chaplin, E. Purviance dans *Une Vie de chien* (Charlie Chaplin), Pr. First National, Ph. KIPA - Interpress ; Harrison Ford dans *La Guerre des étoiles* (George Lucas), Pr. G. Kutz / G. Lucas, Ph. Interpress - KIPA ; *Le Livre de la jungle*, Pr. Walt Disney, Ph. Ciné +. P. 4 Bob Hoskins dans *Qui veut la peau de Roger Rabbit ?* (Robert Zemeckis), Pr. Touchstone Picture, Ph. Ciné +.

Pages d'ouverture et folios : P. 4-5 *E.T.* (Steven Spielberg), Pr. S. Spielberg/Universal, Ph. Kipa-Interpress. P. 28-29 Scène de tournage de *Little Buddha* (Bernado Bertolucci), © Fabian-Sygma. P. 60-61 Jean-Paul Belmondo dans *Pierrot le Fou* (Jean-Luc Godard), Pr. G. de Beauregard, Ph. Ciné +.P. 85-90 Photo de fond et P. 88 T. Grand devant une maquette d'Hollywood en 1950, © Campion-Perrin / SYGMA.

P. 6 Ph. Ciné plus. P. 7 Archive photos. P. 8 Ph. Farabolafoto. P. 9 Haut© Fabian/Sygma. P.9 Bas Prod. P. 10 Leblanc : D.R., Galerie Ciné-Images, Paris. P. 11 © Cardinale/Sygma. P. 12 Pr. Artistes Associés, Ph. Archive photos/APNYC. P. 13 Haut Pr. Gaumont, Ph. Production. P. 13 Bas Pr. Blue Wolf, Ph. Cat's/Kipa-Interpress. P. 14 *Indiana Jones et le temple maudit*, Pr. Lucas Films, Ph. Ciné +. P. 15 Pr. B. Feithans, Ph. Cat's/Kipa-Interpress. P. 16 Gauche Pr. C.K. Feldman, Ph. Kipa-Interpress. P. 16 Droite Pr. Sufi/Tedip/Silver Film, Ph. Cahiers du Cinéma. P. 17 Gauche Pr. D. Toscan du Plantier, Ph. Cahiers du Cinéma. P. 17 Droite Pr. D. Simpson/J. Bruckheimer, Ph. Production. P. 18 Gauche © C. S. Bull, Ph. The Kobal Collection. P. 18 Droite Pr. S. Spiegel/Columbia, Ph. Cat's/Kipa-Interpress. P. 19 Gauche Pr. R. Lévy, Ph. Production. P. 19 Droite Pr. Mirage, Ph. Production. P. 20 Haut Pr. C. Berri, Ph. Ciné +. P. 20 Bas Pr. D. Hahn/Walt Disney, Ph. Cat's/Kipa-Interpress. P. 21 Haut Pr. Gaumont, Ph. Camboulive/Kipa-Interpress. P. 21 Bas Pr. R.D. Zanuck/ D. Brown, Ph. Production. P. 22 Pr. First National, Ph. Archive photos. P. 23 Haut Pr. Ice Films, Ph. Production. P. 23 Bas Pr. J. Hughes, Ph. Production. P. 24 Pr. I. Thalberg/MGM, Ph. Production. P. 25 Haut Pr. F. Waintraub/P. Heller/R. Chow, Ph. Production. P. 25 Bas Pr. G.A. Hurd/20th Century Fox, Ph. Production. P. 26 Ph. Ciné +. P. 27 Haut © É. Robert/Sygma. P. 27 Bas © F. Soltan. P. 30 Haut Pr. Toldin /Brown /Whescler, Ph. Production. P. 30 Bas D. Geffen/A. P. Production. P. 33 Arch. Les Films du Carrosse. P. 36 © P. Zucca/ Kippa-Interpress. P. 37 Haut Pr. Greenwich Film Production, Ph. Coll. Hilton Mc Connico. P. 37 Bas Pr. Jan Chapman Productions/Ciby 2000, Ph. Production. P. 38 Pr. G. Kutz/G. Lucas, Ph. Production. P. 39 Haut Détourage de l'affiche de *La Fureur de vivre*, Pr. D. Weisbart/Warner Bros, Ph. Ciné +. P. 39 Bas Pr. Titanus Films/Pathé Cinéma/SGC, Ph. Production. P. 40 © A. Nogues/Sygma. P. 41 © B. Davidson/Magnum. P. 42 Pr. Tri Star Pictures, Ph. The Kobal Collection. P. 42-43 © I. Bich/Sygma. P. 43 Pr. Argos Film/Road Movies, Ph. Ciné +. P. 44 © F. Duhamel/Sygma. P. 45 Montage à partir d'une image de *Viva Maria* de Louis Malle, Pr. Les Artistes associés/Nouvelles Éditions de films/Vides Film, Ph. Collection personnelle. P. 47 Coll. Cahiers du Cinéma. P. 48 © G. Caron/Contact Press Images. P. 49 Haut Pr. Mercury, Ph. The Kobal Collection. P. 49 Bas Pr. Mercury, Ph. The Kobal Collection. P. 50 Haut Pr. Lazennec Production, Ph. Cahiers du Cinéma. P. 50 Bas Pr. M. Bodard/G. de Goldschmidt, Ph. Cahiers du Cinéma. P. 56 Haut Pr. New Line Entertainment, Ph. Ciné +. P. 56 Bas Pr. Touchstone Pictures, Ph. Ciné +. P. 57 Pr. B. Feithans/R. Shusett/Carolco, Ph. Kipa-Interpress, P. 59 Gauche Pr. Hachette Première, Affiche Le Moult, Ph. H. Silvester. P. 59 Droite Haut Pr. Hachette Première, Affiche Le Moult. P. 59 Droite Bas Pr. Hachette Première, Affiche Le Moult, Ph. M. Tursi. P. 62 Haut Pr. Griffith, Ph. American Stock Photos/Archive photos. P. 62 Bas Pr. Goskino, Ph. The Kobal Collection. P. 63 © Archive photos/NYC. P. 64 Pr. Gargour, Ph. Ciné +. P. 65 Pr. Scalera-Pathé, © Forster, Ph. Kipa-Interpress. P. 66 Pr. I.C.I., Ph. The Kobal Collection. P. 67 Pr. C. Montuori, Ph. Ciné +. P. 68 Pr. R. Wise/Mirish Pictures/Seven Arts/United Artists, Ph. Kipa-Interpress. P. 69 Pr. H. Hawkes, Ph. Ciné +. P. 70 Pr. Les Films du Carrosse, Ph. Cahiers du Cinéma. P. 71 Pr. G. de Beauregard, Ph. Cauchetier/Kipa-Interpress. P. 72 Pr. S. Silberman, Ph. Distinghin/Kipa-Interpress. P. 73 Pr. A. Hitchcock/Paramount, Ph. Ciné +. P. 74 Haut Pr. El Deseo S.A./Ciby 2000, Ph. Cat's/Kipa. P. 74 Bas Pr. I. Winkler/Warner Bros, Ph. The Kobal Collection. P. 75 Haut Pr. L. Myles/BBC Films, Ph. Ciné +. P. 75 Bas Pr. A. Sarde, Ph. Weingarten/Kipa-Interpress. P. 76 Pr. Films Pomereu, Ph. Ciné +. P. 77 Haut Pr. G. Folsey/R. Wachs/Paramount, Ph. Cat's-Kipa. P. 77 Bas Pr. Orion Pictures, © B. Hamill/Sunrgia. P. 78 Haut Pr. Brandywine, Ph. Ciné +. P. 78 Bas Pr. S. Spielberg/Universal, Ph. Ciné +. P. 79 Pr. M. Deeley/Warner Bros, Ph. Cat's/Kipa. P. 80 Haut Pr. A.S. Rudy, Ph. Ciné +. P. 80 Bas Pr. Bloody Mary, Ph. Cahiers du Cinéma. P. 81 Pr. Orion/Strong Heart/Demme, Ph. Ciné +. P. 82 Pr. UGO Santa Lucia, Ph. Coll. part. P. 83 Pr. S. Spiegel, Ph. Sunset/Kipa-Interpress. P. 84 Haut Pr. B. Capet/Anne Serrie, Ph. © R. Depardon/Magnum. P. 84 Bas Pr. A. Dauman/Ph. Lifchitz, Ph. Ciné +. P. 89 Charles Bronson, Claudia Cardinale et Jason Robard dans *Il était une fois dans l'ouest* (Sergio Leone), Pr. F. Morsella, Ph. Production. P. 90 Victoria Abril et Miguel Bose dans *Talons aiguilles* (Pedro Almodovar), Pr. El Deseo S.A./Ciby 2000, Ph. Coll. Cahiers du Cinéma.

Couverture (conception-réalisation) : Jérôme Faucheux
Intérieur (conception-maquette) : Marie-Christine Carini
Réalisation PAO : FNG
Photogravure : FNG
Illustrations et schémas : Valérie Decujis

43 quai de Grenelle

75905 Paris Cedex15

目次

神話 4

電影勝地 …… 6
電影明星 …… 12
放映廳 …… 26

技術與藝術 28

製片 …… 30
編劇 …… 32
導演 …… 34
攝影 …… 44
剪接 …… 52
發行與推銷 …… 58

電影史 60

默片時期 …… 62
古典時期 …… 64
現代電影 …… 70
電影類型 …… 76

補充知識 …… 85
小小詞庫 …… 95
索引 …… 97

神話

電影勝地

電影明星

放映廳

奧斯卡金像獎

美國影藝學院創建於1927年，每年頒發著名的奧斯卡金像獎，曾經獲獎的有《亂世佳人》、《西城故事》、《末代皇帝》（獲得十項大獎）、湯姆·漢克斯（連續兩屆影帝）……還有些公認的遺珠之憾：葛麗泰·嘉寶、瑪琳·黛德麗等等。

好萊塢

故事發生在1923年洛杉磯郊區的好萊塢……那兒豎立著著名的標誌“Hollywood”，這個全球通用、富有魔力的字眼就代表著電影事業。1910年到1915年間，好萊塢成為美國第一個製片中心，葛里菲斯、狄米爾和麥克·山耐是製片的先驅，《美國的小未婚妻》中的瑪麗·畢克馥、費爾班克和卓別林則是最早的電影明星……好萊塢同時也仿效法國的帕泰和高蒙特製片中心，將電影類型的概念系統化，劇組的工作人員也更加專業。長片的製作不可或缺，而且還有一些規律：好幾個情節、懸疑的場面和圓滿的結局。1914年到1918年的大戰摧毀了歐洲，好萊塢因此主宰整個電影世界。製片的合理化產生了「片廠」的制度，好萊塢的黃金時代就此展開。

從五〇年代初期開始，來自電視的競爭迫使好萊塢去製作更大（70釐米、新藝綜合體*、新藝拉瑪體*）、更昂貴（希臘神話片、鉅片、災難片）以及各種不同類型的影片，同時還出租設備給電視臺。

八〇年代時，出現了新一代的電影工作者（喬治·盧卡斯、史蒂芬·史匹柏等），他們精通好萊塢電影的規則，創造出新的活力：針對年輕的觀眾，運用蔚為奇觀的場面（《星際大戰》）、特效*（《魔鬼終結者》），並

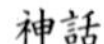
神話

片廠

哥德式的柱廊、羅馬式的凱旋門，這個門廊既是夢想之門也是通往榮耀的大門；不過，它也和汽車製造廠一樣，是一種合理化的工業組織。

製作類型片（《法櫃奇兵》等冒險電影、《蝙蝠俠》般的科幻片）以及系列電影（《 第一滴血》第一集、第二集、第三集……）。

同時，「片廠」的工作又有了新的定義；在今天，它包括了監督整個的製片過程，從一部影片的構想到觀眾的評論，以及製作錄影帶、影碟和電影音樂的CD。對影像財產(版權）的這種賭注，無論在過去、現在或未來都是駭人聽聞的，製片集團在建立和解體的瞬間就是數目龐大的美元。昨天是日本松下與新力集團，今天是通訊巨人時代華納公司、農業食品集團西格拉姆和迪士尼製片廠，明天則將是美國電話電報公司、微軟公司*以及其他的公司……

總而言之，這種情形仍會繼續下去……

每個片廠都是一座真正的城市（像米高梅佔地35公頃，有135幢樓房、20公里的道路網和6000名工作人員）。片廠內的製片工作是一系列的：編劇、攝影組，可互相替換的導演、剪輯小組、道具倉庫、永久的和臨時的布景；有了這些就可以拍攝任何題材、任何時代的電影，即使是拍一群訓練過的動物也不成問題。片廠還有領週薪的電影明星和其他的工作人員。有時為了影片需要，片廠間還會互相交換演職員。電影拍攝完成後，要先試映、修正，然後才向觀眾放映。

《賓漢》
羅馬郊區的低地上重新建起了一座古代的競技場。片中的羅馬不在羅馬城內，不過所有的事都和羅馬有關。

電影城

1937年4月27日，墨索里尼為電影城舉行了落成儀式。羅馬郊區這座歐洲最大的、最現代化的電影製片廠，使法西斯時期的義大利有了獨立製片的工具。電影城實現了一個貧窮國家和這位狂妄自大的統治者的夢想。

墨索里尼統治時期的電影《阿非利加西庇阿》取材自羅馬歷史，旨在將義大利對地中海地區的擴張合理化；而這類被稱為「白色電話」的喜劇中的人物和地點，尤其是與現實生活脫節的。

好萊塢從六〇年代開始，由於成本過於昂貴而將製片工作分散到歐洲。義大利人的才華把伊莉莎白・泰勒和《埃及豔后》、《賓漢》和它的戰車、奧黛麗・赫本和《羅馬假期》都吸引到了義大利。這是義大利製片的繁榮時期，直到七〇年代末，義大利都擁有四億五千萬的觀眾。電影城以好萊塢為榜樣，

電影城……，人們帶著構想而來，然後帶著完成的影片離開。今天的電影城面積有139公頃，並有12個攝影棚和包括技術人員和演員在內共300位工作人員，另外還有服裝裁縫工廠、化妝師、雕刻師傅、剪接和同步錄音的工作室、沖洗底片與印刷的實驗室。電影城是歐洲最完整的製片中心，也是最能作為電影象徵的地方。

費里尼和第五攝影棚

從1961年開始，費里尼就在這個平臺上拍攝了他所有的影片。他說，這兒是他的家、他的辦公室，也是他的招待所和療養院……在這裡，費里尼想像著現實，並以自己的方式重新建構出這個現實……《羅馬風情畫》中的地鐵、《卡薩諾瓦》裡的歌劇院、《八又二分之一》的浴池、《小丑》裡的馬戲團、《愛情神話》中的貴族別墅、《阿瑪珂德》裡橫渡大西洋的客輪，直到《訪問》中的電影城。

也擁有一套製作兩種不同水準的影片的制度，尤其在模仿美國「B級片」方面更是獨樹一幟……那時的義大利電影是最多產的時期：柯曼西尼、里斯、狄西嘉、莫尼塞里、佛里達、亞金圖和巴伐都表現出義大利電影製片上的才華和多樣性。

今日的電影城仍然從事著電影製片的工作（柯波拉在這拍攝《教父》第三集），不過主要還是拍攝一些電視影片以及義大利國內外的廣告片。

《教父》的拍攝

「教父」的傳說同樣也在發源的義大利畫下句點。電影城由於這部影片的拍攝，又重新回到了六〇年代的黃金時期，負責許多美國電影的製作。

1946年，坎城

1996年是坎城影展50周年紀念。影展最初在秋季舉行，現在則是在春天。

坎城影展：世界電影節

1936年時已有了舉辦影展的想法，當時主要是為了不讓義大利法西斯在威尼斯壟斷電影事業。然而，戰爭使這一切都破滅了，直到1946年，坎城影展才終於問世。1951年，影展以如「巡洋艦」一般的速度真正發展起來。

坎城影展的開放政策，使得五大洲的電影在坎城都佔有一席之地。除了官方競賽外，還有其他不同的單元（「一種注目」、「導演雙周」、「評審團獎」和「影評人獎」），因此坎城成為展現各種文化的地方，在這裡可以觀看到首映的電影，也可以欣賞到已獲好評的電影。

坎城影展簡史

1947年9月1日，包括義大利在內共有19個國家出席，比利・懷德、大衛・連、羅塞里尼、克萊曼首次在俱樂部相聚，這也就是今天聳立著新大殿的地方。

1948年，影展有了克魯瓦澤特大道正中央的新大殿；1948年和1950年影展停辦……最初，影展頒發大獎，1955年後開始頒發金棕櫚獎。這50年來，影展褒揚了約450部電影，也經歷了革命（1968年影展中斷）、艾爾納尼的爭吵（1960年費里尼的《甜蜜生活》、柏格曼的《處女之泉》和安東尼奧尼的《情事》）、大殿門外階梯上簇擁的人群以及令人震驚的告別（1952年的麥克・山耐、1971年的卓別林和1984年的楚浮）。

1946年時只有幾百人參加影展……而今日則有40萬人參與，4500位記者受邀，影展期間並放映450多部電影。

坎城頒獎給來自世界各地的電影藝術家：以前是中歐和東歐地區（波蘭的波蘭斯基和華依達、捷克的福曼和俄國的塔可夫斯基），南美洲的巴西電影（羅沙），日本電影（小林正樹、河原蒼風）；今天則是亞洲其他地區（臺灣、中國大陸及香港）。坎城影展推動了英國電影的新生（馬克・雷斯特、卡萊・賴茲、林賽・安德森），然後是德國電影的復興（雪朗多夫、文・溫德斯、法斯賓達、荷索、索爾特和漢斯一約根・席伯堡），以及美國的獨立製片電影（丹尼斯・哈柏、柯波拉、拉佛遜、勞勃・阿特曼）。

影展在六〇年代時將選拔的焦點放在編劇研究上（安東尼奧尼的《情事》、厄斯特斯的《母親和妓女》），七〇年代時關懷社會和政治（塔維亞兄弟的《巴特・巴托尼》、羅西的《馬迪事件》、達頓・楚姆波的《無語問蒼天》、阿米納的《金錢編年史》），八〇年代時注重暴力形式（柯波拉的《現代啟示錄》、大衛・林區的《我心狂野》、柯恩兄弟的《巴頓芬克》、昆西・塔倫提諾的《黑色追緝令》、皮雅拉的《惡魔天空下》），九〇年代則又回到注重內心的情感（珍・康萍的《鋼琴師和她的情人》、莫雷堤的《祕密日記》）。

註：帶星號*的字可在書後的「小小詞庫」中找到。

電影明星

神奇的階梯……這是登上成功之路，也是通往榮耀之路。這些是《瑪歌皇后》（謝羅，1994）中的電影明星。

「評審團由一些中等愚昧的人們組成……你知道，擔任過評審的楊遜曾寫信給我，人們要我們在畢卡索的畫和亨利二世的碗櫥之間作評判，這並不容易。還記得馬利伏說過：『應該要有判斷能力來意識到我們一點評判能力也沒有。』」（莫里斯・貝西）

神話

卓別林

他稱自己的竹拐杖為「我的尊嚴」,因為這根拐杖,他這位腳穿大鞋、走路像鴨子的窮人才有了紳士的氣派。我們永遠不會忘記他在《淘金熱》(1925) 中的麵包舞,在《城市之光》(1931) 裡切割著鞋底牛排,在《大獨裁者》(1940) 中氣球與地球的比賽,還有《摩登時代》(1936) 裡與機器的搏鬥。

各種類型的喜劇

潑水的人反被潑……1900 年的喜劇誕生了電影界最早的明星:法國的馬克斯・藍德,美國的麥克・山耐、查理・卓別林和巴斯特・基頓。無聲電影有利於視覺上的喜劇表演:插科打諢、追逐、雜耍和各式各樣的爭吵。這些電影中出現了一些典型的人物,其中最著名的是夏洛(Charlot,卓別林飾),這位情感豐富的流浪漢不停地與現實世界的殘酷相搏鬥。人們常常拿巴斯特・基頓電影中的悲慘小丑來和夏洛比較,隨著電影情節的發展,這位滑稽人物面對越來越多的困難逐

神話

漸變得無動於衷。賈克・大地是這類喜劇的繼承人，而路易士・德・芬斯滑稽的憤怒則繼承了詼諧喜劇的風格。

1929年出現了有聲電影，言語的表達取代了那些插科打諢：勞萊與哈台重新創造出主人與僕人以及劊子手與受害者之間的關係；馬克斯兄弟（格魯索、希柯和哈波）組成一群既快活又無憂無慮的人，他們機智的言辭總能引出爆笑的場面。伍迪・艾倫顯然是這類喜劇精彩對白最傑出的繼承者。

1930年（三〇年代），法國的馬賽式電影，要求雷米和費南代爾能言善道。布爾雅爾的人道主義和溫情，以法國的方式來表現，常常是反抗和宿命論的混合體。來自咖啡館劇場的「輝煌」劇團針對法國人沒有文化的行為和偏見進行了無情的諷刺。

英國的喜劇則是瘋狂又滑稽的模仿，同時表現出低級的趣味、有趣的褻瀆，充滿了想像、詼諧和實際的清涼。「蒙蒂蟒蛇」是此種喜劇的先驅。

《時空急轉彎》

（波瓦海）

時代的錯亂，這對主僕荒唐可笑……觀眾達到1400萬人。

《窈窕奶爸》

在喜劇裡，作異性裝扮的人總叫人捧腹大笑；他要盡花招，在有限的情境下扮演性別顛倒的角色。這是羅賓・威廉斯，他繼承了即興表演、說起話來又快又多的風格。

神話

哈里遜·福特

從《星際大戰》的年輕人無意中成了《法櫃奇兵》系列裡的英雄，再到《證人》裡惶惶不安的探員、《絕命追殺令》中無辜的受害者及《銀翼殺手》裡的兇手，哈里遜·福特經歷了職業生涯中的嚴格考驗，扮演了無數的好萊塢角色。

職業冒險家還是無意中成了冒險家？

電影界有自己的職業冒險家：牛仔、私家偵探和間諜。

三〇年代的藍道夫·史考特，曾是一位沈默寡言的典型西部硬漢，挺身對抗史都華的暴力。約翰·韋恩是這類電影的代表人物，在他六十多部西部片中，塑造出一般牛仔的形象：愛打架，永不滿足，然而卻渴望法律和正義。克林·伊斯威特在賽吉歐·里昂尼的西部片中（《荒野大鏢客》、《黃昏雙鏢客》及《狂沙十萬里》），重現了「亡命之徒」的孤獨英雄形象。後來，克林·伊斯威特在自導的《殺無赦》(1993) 裡又化身為日漸衰老的西部英雄。

從三〇年代開始，流浪漢、警察和私家偵探競相出現在黑色電影裡。這一代所有的演員都在這類電影裡展現了各自的風采，其中最有名的當然是亨佛萊·鮑嘉（《梟巢喋血戰》、《夜長夢多》），他塑造了孤獨、沈默寡言、面無表情又有冷峻幽默感的銀幕英雄。

七〇年代時，美國的李·馬文（《航線臨界點》，1967）、史提夫·麥昆（《布利特》）、金·哈克曼（《霹靂神探》）、克林·伊斯威特（《緊急追捕令》）和查理士·布朗遜（《城市裡伸張正義的人》）以及法國的旺蒂哈（《西西里人的集團》），都化身為正直孤獨的警官，面對普遍的腐敗現象，為了確保社會秩序，除了自己誰也不能相信。同時，史

恩・康納萊也在銀幕上創造出《〇〇七》系列中優雅又富有幽默感與責任心的間諜詹姆士・龐德。

明星們還頌揚另一種類型的冒險家：封建時代的遊俠騎士。弗林在《樹林裡的羅賓漢》塑造了這類人物的典型。另外還有我們

《第一滴血》
越戰使美國受到真正的創傷，電影在美國一向扮演著解釋性的角色，因此有責任去協助解決這個問題。揭露性的電影（《在地獄盡頭旅行》、《七月四日誕生》）、幻想式的電影（《現代啟示錄》、《金甲部隊》）、疑問性的電影（《石頭園子》）以及像《第一滴血》（照片中為席維斯・史特龍）、《前進高棉》、《綠扁帽部隊》之類的電影，都在為那些被迫或出於責任而投身戰爭的男人每天的行為進行辯護。

熟悉的來自越南戰場的藍波，席維斯・史特龍在這一系列電影中扮演肌肉發達的勇士。此外還有一些明星，本來沒有想到要歌頌英雄主義，卻不經意地創造出英雄。楊一波・貝蒙無意間成了英雄角色的原型，從《江河上的漢子》到《能人中的佼佼者》，他層出不窮地表現了英雄的冒險行為，雖然最初他確實不曾有過這樣的期望。哈里遜・福特在《法櫃奇兵》系列中所扮演的考古學家也是相同的情形，我們永遠記得《法櫃奇兵》裡的英雄為了崇高的事業，勇敢、大膽、機智地去對抗壞人。

(1)馬龍・白蘭度

馬龍・白蘭度在《慾望街車》裡演出精彩，成了為人仿效的表演典範。

(2)馬斯楚安尼

他扮演各種類型的人物：《甜蜜生活》裡厚顏無恥的花花公子、《夜》裡陷入危機的丈夫（照片上是與珍妮・摩露在一起)、《一大口》與《八又二分之一》中焦慮不安的40歲男人；今天則象徵著一位認不得自己孩子的義大利父親。（註：義大利裔的馬斯楚安尼在法國住了很長的一段時間。）

銀幕偶像

所有的銀幕偶像都擁有非凡的魅力，並有各式各樣用來誘惑觀眾的方法。

第一位萬人迷的明星是「拉丁情人」。三〇年代的范倫鐵諾讓所有的女性神魂顛倒；三〇年代後，馬斯楚安尼繼承了他的地位；今天，則是李察・基爾以其特有的風采，再展迷人的魅力。

與這些熱力四射的誘惑者相反，黑色電影中有許多私家偵探往往是冷漠的誘惑者。亨佛萊・鮑嘉、勞勃・米契姆便是這一類型的代表。

迷人的外表、文雅的風度、幽默風趣，與女人交往時既用心計又忝不知恥：英國的尼文、吉尼斯，美國的卡萊・葛倫、詹姆斯・史都華、賈利・古柏、克拉克・蓋博、洛・赫遜、亨利・方達，義大利的狄・西嘉、加斯曼，法國的皮柯利、伊夫・蒙當，他們都表現出紳士般的風采，迷人又富有魅力。

同時還有另一類的明星，他們的外表體格直接散發出迷人的魅力：五〇年代的畢・

蘭卡斯特、六〇年代的保羅・紐曼、七〇年代的華倫・比提與傑克・尼克遜、八〇年代的哈里遜・福特以及今天的休・葛蘭與布萊德・彼特。

還有些明星則擁有多變的銀幕性格，有時是成年人，有時又是永遠的青少年；有時是趾高氣昂的強者，有時又是可憐兮兮的弱者；時而顯得脆弱，時而又表現得不屈不撓；因此，他們往往具有獨特的吸引力。蒙哥馬利・克利夫、詹姆斯・狄恩、馬龍・白蘭度、亞蘭・德倫、湯姆・克魯斯都是在這種曖昧多變中塑造出迷人的形象。

最後也有些較不一樣的銀幕偶像：人民陣線*電影裡的英雄尚・迦本、美國新政*時期的英雄史賓塞・崔西便代表著戰前的迷人形象。

傑哈・德巴狄厄、達斯汀・霍夫曼、艾爾・帕西諾、勞勃・狄尼洛，則以極強的可塑性詮釋出與自己截然不同的人物，並因此贏得了無數人的心。

(3)傑哈・德巴狄厄

他曾與一些最有名的電影工作者合作（照片上是他在皮亞拉導演的《警察》中和蘇菲・瑪索一起演出）。他在電影裡扮演的多種角色讓人留下深刻的印象；他是法國電影中著名的世界級明星。

(4)湯姆・克魯斯

起初，湯姆・克魯斯是一位魅力十足的青少年（這是《捍衛戰士》的劇照），後來他在《金錢本色》(與保羅・紐曼合作)、《雨人》（與達斯汀・霍夫曼合作)、《夜訪吸血鬼》中出色的演出，使他被公認是最有天賦的演員之一。

神話

(1)葛麗泰・嘉寶

嘉寶就彷彿是用大理石雕刻出來的美人，她在一部又一部的影片中，所展現的那種一氣呵成的表演，可媲美學院派的傑作，為自己贏得了大眾的尊敬，也塑造出傳奇的神話。

(2)伊莉莎白・泰勒

伊莉莎白・泰勒長久的表演生涯，以及她獨特的天賦和多彩多姿的私生活，創造出好萊塢最後的傳奇。

迷人的女明星

玉女、小未婚妻、性感肉彈……，那些娛樂新聞的編輯＊運用無窮的想像力來為這些女明星分類。最出名的、但也是最少見的，是被視為「性感的象徵」的迷人女星，就像莉妲・海華絲、瑪麗蓮・夢露、碧姬・芭杜、珍・方達以及今天的莎朗・史東和金・貝辛格。

相反的，那些純真嬌小的年輕姑娘就常常受別人誘惑而成為受害者：默片時期的瑪麗・畢克馥，音樂喜劇時期的茱蒂・迦蘭，四〇年代文藝片時期的達里厄絲，五〇年代到六〇年代之間感情喜劇裡的桃樂絲・黛與奧黛麗・赫本所表現的都是令人放心的女性。

與天真純潔的姑娘不同，以下這些女性不僅身材姣好，心理上也更為成熟，例如美國的貝蒂・戴維斯、芭卡爾、伊莉莎白・泰勒、費・唐娜薇、瓊・克勞馥，英國的費雯

神話

4

麗，法國的珍妮・摩露、仙諾，義大利的蒙嘉諾、瑪娜妮以及今天的蜜雪兒・菲佛、伊莎貝爾・哈普。

所謂的冰山美人不但擁有致命的吸引力，也同樣具有思考的能力，然而卻更難擄獲她們的心。最典型的當然是美國的葛麗泰・嘉寶，然後是葛麗絲・凱莉、金・露華（希區考克式*的女主角）、梅莉・史翠普，法國的米雪兒・摩根、凱撒琳・丹妮芙、茱麗葉・畢諾許，六〇年代安東尼奧尼電影裡的莫妮卡・維蒂以及中國新一代電影中的鞏俐都表現出這種既迷人又引人爭議的女性。

還有些撩人的女星，像女王瑪琳・黛德麗、伯爵夫人艾娃・嘉娜、擄獲人心的拉娜・透納、難以抗拒的蘇菲亞・羅蘭、皇后羅蘭貝吉達、宛如另一個世界的女子的嘉爾蒂納和擁有迷人魔力的伊莎貝拉・艾珍妮都是其中的代表人物。

(3)碧姬・芭杜

芭杜在《上帝創造女人》中解放了女性的身體，也同時解放了女演員的表演。這不但史無前例，更是無人可以超越的。

(4)蜜雪兒・菲佛

她的演出複雜多變，刻劃深刻而且不同凡響。她塑造出一個又一個的角色，證明以往那種只演一種角色、只有特定形象的明星是無法再生存下去了。

神話

《熊》

這頭無父無母的小熊天真無邪，人們永遠記得牠和那頭孤獨老熊的奇遇。

動物：溫馴或是凶殘

不僅有天賦的演員可以成為電影明星，動物也同樣可以。

最受歡迎的動物明星曾是人類最忠實的伴侶——狗。《靈犬萊西》(1942)裡有條母狗在與12歲的小女孩（伊莉莎白·泰勒飾）爭取主角的丰采。《威鯨闖天關》裡的鯨魚是那麼溫馴可愛又忠心耿耿。這種伴侶關係有時會變成《迷霧森林十八年》中保護雪歌·妮薇佛不受大猩猩傷害的保護者角色。

《碧海藍天》中，與海豚交談的巴爾(飾演賈克）與海豚之間關係就比較複雜；海豚有點像是用美妙歌聲來誘惑水手的賽倫女妖，呼喚著要用自願、溫和的死亡才能再與海豚相聚。

除了這些友善的動物明星，還有些是凶殘可怕的：《大白鯊》裡復仇的大白鯊以及後來不斷的報復（共有三集）；希區考克的《鳥》

《獅子王》

在富有異國情調的《獅子王》中，有好人也有壞人，有強者也有弱者，另外還有迪士尼世界中不常見的暴力。

《碧海藍天》

當一部電影變成一種社會現象：無盡的呼喚、深刻的吸引、渴望死亡、與世隔絕……人們談論著《碧海藍天》。

中，那些鳥在猛攻學校、加油站和私人住宅時是一點兒也不留情的；更不用說《侏儸紀公園》裡的恐龍在觀光的遊樂園中製造恐懼；還有《猴子王國》裡的猴子輕而易舉地佔領了地球，還相信猴子來自低等的人類……

最後，有些動物則和人類建立起不尋常的關係，例如《馬斯，我的愛》（奧思馬導演）裡的猴子馬斯與夏洛特・赫布林，以及《馬》（薛尼・盧梅導演）中與馬群在一起的年輕人。

不過，在動畫片中，動物可就是當然的主角。這些動物有著和人類一樣的性格、態度與思想，就像《小鹿斑比》、《美女與野獸》、《森林王子》、《貴族貓》和《獅子王》，都是世界聞名、結合動物與人類的傑作。

《大白鯊》

史蒂芬・史匹柏這位名副其實的「電影神童」，在《大白鯊》裡得心應手地表現出好萊塢的古典風格。

《孤兒流浪記》
通俗劇和童星總是很好的搭配。卓別林在《舞臺春秋》(1952) 中又回到了通俗劇的路子。

童星

兒童是電影和廣告中要打動人心不可或缺的要素。好萊塢最後的傳奇《阿甘正傳》所講述的並不是一個低能兒的故事，而是一個會相信童話的成年人。

卓別林發現了第一位童星雅其・高崗，他在《孤兒流浪記》飾演一位被遺棄的小孩，卓別林拯救了他並幫他找到母親。

好萊塢在小孩身上發現了財富，不斷地推出許多童星：秀蘭・鄧波兒成了片廠工作組的小福星；又唱又跳的茱蒂・迦蘭常和飾演典型美國青少年、輕浮小伙子、善良男孩

法國280萬名10–14歲的兒童，每年至少看一次電影。男孩子喜歡會讓他們害怕的電影，女孩子則喜歡會讓她們流淚的電影。不過，無論男孩女孩都會先被故事情節吸引，然後才是優美的畫面。許多兒童注意到銀幕上的畫面和電視上的不同。(根據法國國家電影中心的統計)

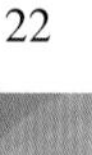

等角色的米基·羅納一起合作，1939年，他們在《綠野仙蹤》（迦蘭17歲、羅納19歲）、《女孩們》系列（《女孩們當大兵》、《女孩們在百老匯》）以及《前進音樂》(1940)中的演出大獲好評。同一時期，也出現了另一位童星：伊莉莎白·泰勒。

在六〇年代時，歐洲人瘋狂喜歡上一位西班牙小童星約瑟利托，他在四部電影裡的演出獲得了驚人的迴響。觀眾和他一起經歷了通俗劇的情節：遭遺棄的孩子卻又被拐走，他有著宏大的心願──成為一個伸張正義的人。

在法國，拍電影對兒童並沒有多大吸引力。《禁忌遊戲》裡的福賽會成為童星，是因為這部片子廣受全球歡迎。岡斯布爾成為童星也是同樣的情形。

1990年，麥考利·克金這位小演員因《小鬼當家》這部片一舉成名，一躍成為「超級巨星」。

《小紅蕃大鬧巴黎》
未開化的人和文明人的相遇，也是純真與暴力的交會。

《小鬼當家》
父母不在時，小孩們也能應付自如。

魏斯繆雷

他在銀幕上扮演過13次泰山，成為傳奇的神話。

肌肉發達的運動員

米高梅影片公司需要一位肌肉發達的明星，來扮演熱帶叢林裡只在腰間繫一塊布的人猿泰山，最後決定讓世界游泳冠軍來飾演這個角色。魏斯繆雷在1932–1948年間扮演泰山，成了大銀幕上第一位運動員明星。後來接替他的巴克斯特也稱職地盡到了自己的責任。他們的演出造就了這個成功的角色。

義大利的專業片廠為了拍攝《赫克力斯》、《瑪西斯特》等一系列的希臘神話片而到「健美先生」的比賽中去尋找適合的演員，因此出現了李維、史考特、戈登、莫里斯及福雷斯特，他們其中一些人（如史考特）也扮演過泰山的角色。

七○年代初期發展起對格鬥術的興趣，香港製片廠正是從那時開始大顯身手，推出許多以無數格鬥場面取勝的功夫電影。名副其實的功夫大師李小龍，擁有獨特的風格和真實的性格，成為這類型電影的神祕巨星，並燃起所謂的「李小龍熱」。《龍的傳人》是他最傑出的作品。

阿諾・史瓦辛格則以「健美先生」的姿態開拓自己的星路。這位奧地利裔美國人鍛鍊出肌肉發達的體型及鋼鐵般的下巴，在《魔鬼終結者》、《野蠻人克納》及《魔鬼總動員》後，成為好萊塢票房收入最高的明星，他並且嘗試喜劇的演出以拓展自己的形象：1994年的《魔鬼大帝》(改編自法國電影《總數》)

中，他扮演一位冷靜的情報員和家庭面臨棘手問題的父親；《魔鬼孩子王》中，他又變成幼稚園裡一位臥底警察。

這種對健美與肌肉的狂熱也在好萊塢掀起了一股仿效的風潮。席維斯·史特龍便是可以媲美阿諾·史瓦辛格的競爭者，從《洛基》、《第一滴血》到《顛峰戰士》都獲得了一定的成績。另外還有比利時的尚克勞德范達美，也是銀幕上超級的健美先生和大力士。

李小龍

李小龍輕盈優雅的功夫，博得觀眾的喝彩。

阿諾·史瓦辛格

人們弄不清楚他到底是名人、特技表演者、或是演員？

放映廳

露天電影

過去許多村莊都有放映者帶著銀幕、放映機和影片去放映電影。

巴黎的電影院在50年裡減少了70%，1946年曾擁有342家電影院，1993年則僅剩下109家。由於每家電影院都有不只一個的放映廳，所以在這僅存的109家電影院裡，共有333個放映廳。這些放映廳分屬於三個集團：高蒙特、7月14日路線及UGC集團。一些放映藝術電影和實驗電影的放映廳則是屬於幾個獨立的集團，有自己獨特的放映節目。巴黎只有兩座電影資料館。

1895年12月18日，在歌劇院附近「大咖啡館」的印度沙龍裡放映了第一場電影。但是人們很快就意識到，要有專門的場所來放映電影，以因應技術層面上的需要。確實，電影院需要另一種不同的建築形式，要考慮到與銀幕的關係，還要保持平衡的視覺以及黑暗度和特殊的聲音效果。

電影院經常與“paquebot”（大型客輪）這個字連在一起。三〇年代有兩座劃時代的電影院：八角形的勒赫克思電影院，採地中海的裝飾風格，共有3500個座位；高蒙特巴拉斯電影院，擁有6000個座位，哥德式的門廳，正門做成船首的形狀，放映廳裡的包廂則像一座橋。

一直到七〇年代初期，所有的放映廳都按照以下的標準來建造：簡樸的正門，但提供了重要的訊息（電影院的名字，放映電影的海報）；閃耀的燈光，主要是用來渲染熱鬧的氣氛；放映廳內樸實的裝修，常採用隱藏在建築物裡的間接照明。

六〇年代末開始，出現了電視的威脅，電影院只好設法朝著「俱樂部」的方向去經營，極力強調舒適和氣氛。拉丁區的電影院都轉變成實驗電影院和藝術電影院。電影院已不再只是「觀看影片的地方」，而要成為文化交流和社會互動的場所。七〇年代時，電影院以「多廳化」或「多元化」的方式經營，大型的放映廳隨之消失。電影為了融入整個商業活動變得通俗起來，成為一種真正的商業行為。多元化的經營是為了營利，而非提供圓夢的地方。

今天出現了兩種趨勢：廣大的放映廳再度興起，以更大的放映銀幕作為號召；另外還出現擁有10個、12個、15個甚至18個放映廳的綜合娛樂館*，電影院又再度成為獨立的場所，並與周圍的酒吧、餐館和娛樂室共同構成一個聚會和消遣的好去處。

像船一樣……

電影院裡的設計有入口、走廊、臺階和放映室，就像一艘船上的縱向通道、客廳和船艙。正如同船上的機組人員為了讓船正常地行駛而在旅途中忙碌，放映廳裡的工作人員也為了觀眾的滿意而在努力著。

印度電影

印度每年生產450部電影，是主要的電影生產國之一。印度生產的文藝片、音樂片及動作片等的各種影片，主要是在自己國內放映。

神話

技術與藝術

製片

編劇

導演

攝影

剪接

發行與推銷

製片

《超級大玩家》
(1992)
勞勃・阿特曼與提姆・羅賓斯共同剖析了好萊塢與那些片廠。

「是一門藝術，也是一種工業……」這是安德烈・馬爾羅的至理名言。要在銀幕上放映一部電影，必須聚集起許多的錢（從1000萬到2億5000萬法郎），許多的人員。在整個機構的中心有個人負責管理這一切，他就是製片人。

什麼叫作製片？

製片人首先是創造者：他有一個構想，並去實踐這個想法；或者他得知某人的一個構想，而決定提供藝術和財政方面的幫助來完成這個計畫。

製片人要去激發一組工作人員的創造力，而且自己同樣也得具有這樣的創造力。他負責幫助一百多人或幾百人來完成一部最佳影片，使工作能夠順利地進行，從構想到劇本成形、準備預算、實際拍攝（解決預算超支及可能出現的緊張情況）以及後期製作*工作（尤其在有上映期限的時候）。製片人雖然不能代替那些有能力的工作人員，但是他

技術與藝術

21世紀的片廠
史蒂芬・史匹柏的《外星人》、吉福的《圓寂》與卡齊貝爾的《獅子王》，結合了大場面、電腦、攝影和電視的技巧，創造出夢幻的效果。

的作用卻是在協調這些從未謀面的人們一起從事拍攝，共同為目標努力。

不同的製片方式

美國的製片工作主要集中在下面幾家公司：派拉蒙、米高梅、21世紀福斯、華納、環球、哥倫比亞及迪士尼。

法國除了高蒙特、帕泰及UGC等幾家主要的公司外，其餘的製片工作則非常的分散。製作一部電影必須匯集不同的財源：贊助基金、國營或私營電視臺、地下聯播網、國家電影中心的資助*、放映權利金*、發行預付款、投資公司、地方資金以及國外版權的預付款。

資金的比例分配		
電影	《印度支那》	《第六感追緝令》
預算	2000萬美元	4500萬美元
製片公司	25%	20%
發行者	10%	10%
電視播映權	24.5%	7%
錄影帶	—	18%
國外預售	10%	45%
私人投資	7%	—
投資公司	20%	—
國家電影中心的資助	3.5%	—

各種不同資金的提供

在美國，消費者為電影提供資金；法國則有電視臺和國家提供直接或間接的幫助。

經紀人的功能

最初，經紀人負責保護並爭取藝術工作者的權利，到了七〇年代逐漸變成今天的「創造經紀人」，他們提供製片人需要的電影工作人員和選角*的人選：演員、導演、技術人員還有編劇。今天的經紀人要求參與早期的製片計畫，甚至負責購買小說的版權以及那些即將推出的劇本版權。

「有各種的製片人，一種是作家製片人，一種是導演製片人，還有另一種是執行製片人……。製片需要各方面的知識：創造、發行、推銷與製片。」（大衛・奧斯雷尼克）

技術與藝術

各種不同的來源

一切都先從故事開始，有了故事的構想才逐漸發展成電影劇本。故事可以是獨創的（如奧森納、加爾德與柯恩編寫的《印度支那》，卡斯丹創造的《法櫃奇兵》），也可以來自電影劇作家的想像（伍迪・艾倫的電影）、經常接觸的真實新聞事件，尤其是社會新聞（勞勃・瑞福的《益智遊戲》）、電影工作者的親身經歷（楚浮的《四百擊》）、編劇的閱歷(維斯康堤的《納粹狂魔》)，或是對電影的回憶（伍迪・艾倫的《開羅紫玫瑰》）。

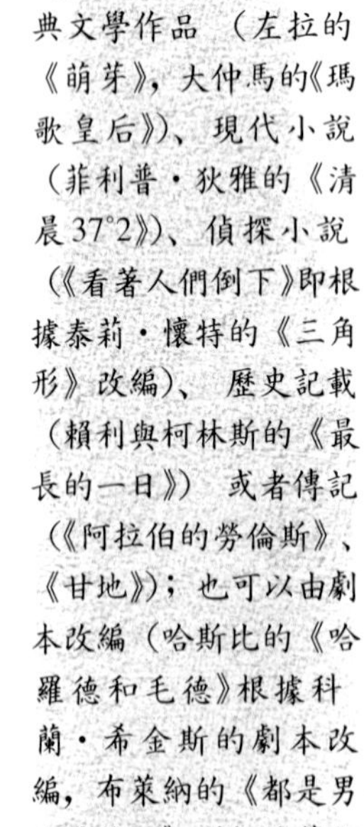
電影劇本可以來自古典文學作品（左拉的《萌芽》，大仲馬的《瑪歌皇后》）、現代小說（菲利普・狄雅的《清晨37°2》）、偵探小說（《看著人們倒下》即根據泰莉・懷特的《三角形》改編）、歷史記載（賴利與柯林斯的《最長的一日》）或者傳記（《阿拉伯的勞倫斯》、《甘地》）；也可以由劇本改編（哈斯比的《哈羅德和毛德》根據科蘭・希金斯的劇本改編，布萊納的《都是男人惹的禍》則根據莎士比亞的劇本改編）。

編劇：從構想到劇本

有了構想，也選好書或劇本後，便由一位或數位電影劇作家寫出劇情簡介，也就是幾頁的故事大綱，接著就開始進行第一步的工作：繼續編寫故事、突出主要的時期、注意情節的連接、勾勒人物的個性、確定一些對話的場景以及各場景的氣氛（包括時間和地點）。

第一步首先要評估題材成功的可能性、製作的價格、成功與價錢間的關係以及考慮角色的分配，然後再根據產生的意見進行修改或重新編寫；電影劇作家繼續發展劇情，編寫出電影段落和場景的分鏡劇本。

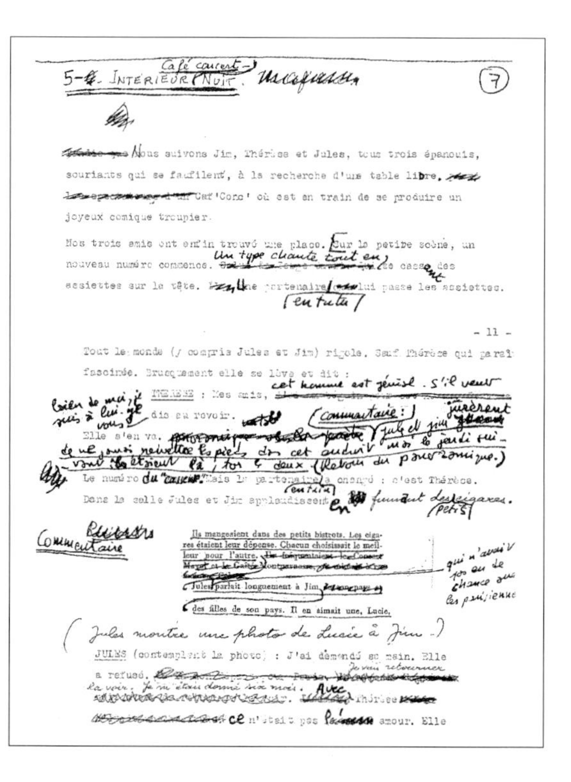

5- INTERIEUR (NUIT. Café concert (7)

Nous suivons Jim, Thérèse et Jules, tous trois épanouis, souriants qui se faufilent, à la recherche d'une table libre, Caf'Conc' où est en train de se produire un joyeux comique troupier.

Nos trois amis ont enfin trouvé une place. Sur la petite scène, un nouveau numéro commence. Un type chante tout en cassant des assiettes sur la tête. Une partenaire lui passe les assiettes. (en tutu)

- 11 -

Tout le monde (y compris Jules et Jim) rigole. Sauf Thérèse qui paraît fascinée. Brusquement elle se lève et dit :

THERESE : Mes amis, cet homme est génial. S'il veut dis au revoir.

Elle s'en va.

Le numéro du "caf conc". Mais la partenaire a changé : c'est Thérèse.

Dans la salle Jules et Jim applaudissent.

Commentaire

Ils mangeaient dans des petits bistrots. Les cigares étaient leur dépense. Chacun choisissait le meilleur pour l'autre.

Jules parlait longuement à Jim des filles de son pays. Il en aimait une, Lucie.

(Jules montre une photo de Lucie à Jim.)

JULES (contemplant la photo) : J'ai demandé sa main. Elle a refusé.

Thérèse ce n'était pas l'amour. Elle

《夏日之戀》

這部電影來自羅謝的同名小說。從這張紙上可以看到改編與重寫電影劇本的工作。導演楚浮曾說:「有兩個主題:兩人之間不可能有友誼存在,但三人共同生活同樣也行不通。這部電影要說明『夫婦』並不是一個令人滿意的觀念,不過卻也沒有其他的解決辦法。」

新展開的這一連串工作,嚴格地描繪出電影的架構:比例、平衡及劇情的發展,也確定了地點、電影的氣氛和人物的心理特徵。最後,還得安排好對話,電影裡的對話應力求達到效果並傳達最豐富的訊息。

很少有一次就成功的電影劇本,電影劇作家要重寫許多遍,有時還會先讓別人修改,然後自己再修改;這種工作往往要持續到拍攝之前,甚至在拍攝中仍得進行修改。

搬上銀幕

在攝製階段，導演和他的攝製小組一起創造出電影的場景、光線、節奏、類型和分鏡劇本*等等。分鏡表*對複雜的電影，尤其是一些動作場面，幫助特別大……使導演可以更完美地運用分鏡技巧（鏡頭的比例、取景*）並對自己期待拍出的感覺有個精確的概念。

在法國，拍攝一部電影通常要花8–12個星期，規模比較大的可能要16–18個星期。可以完全採用自然的外景，也可以全部在攝影棚裡拍攝，或者常常是兩者兼用，以更妥善地利用各自的優點。

導演在平臺上創造出場景的焦點(語調、節奏、現場的走位)，並和攝影師一起取景、選擇鏡頭*和角度，同時確定攝影機移動的範圍。導演先讓演員排練，然後進行指導，以確定演員的演出可以連貫起來；因為拍攝時很少依時間上的順序來進行，因此要放棄劇情進展的韻律。

美國與歐洲導演的地位有所不同。在美國，電影一直是屬於製片人的（由他來接受奧斯卡最佳影片獎）；在歐洲，導演則是電影的創造者，從初期的攝製工作一直參與到最後的剪輯。

感光度愈來愈高的底片，使光線能夠發揮最佳的效果。外景的拍攝因此可以順利進行，在棚內搭建的布景，拍攝時也有不錯的品質，替導演爭取到寶貴的時間。

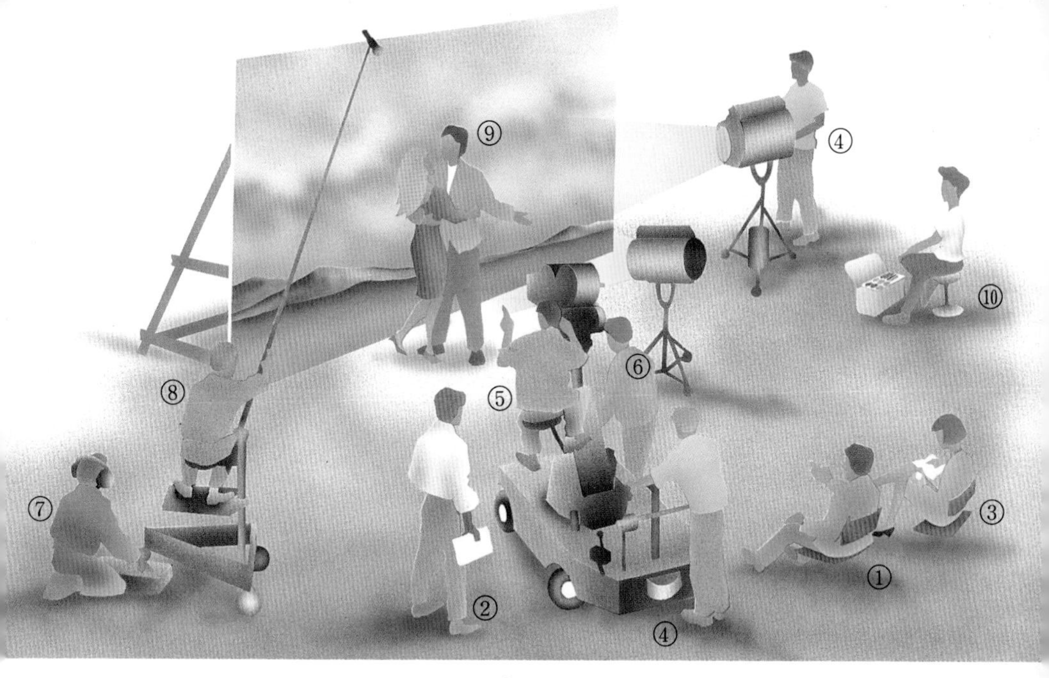

誰在做什麼?

導演組

①導演

②第一助導：監督每天攝影機在平臺上的拍攝情形。

③場記指導：監督電影的連貫性。在連貫的鏡頭間，化妝和服裝必須保持一致。

平臺攝影師：

拍攝電影攝製時的照片。

製片主管：

監督每天的財政管理。

布景組

布景師：尋找小道具以及完成平臺上的布景。

平臺建築師：

按照速寫和模型來設計平臺。

④置景工：

搬動器材並確保攝影機的移動穩定。

攝影組

⑤攝影指導：

負責布景的光線、取景、鏡頭以及畫面的構圖，並且監督沖印廠的沖洗與印製工作。

⑥攝影機操作員：負責取景。

第一助理攝影師：

負責保養攝影機、更換鏡頭和片盒以及對準焦距。

第二助理攝影師：

裝卸片盒並且在每天試拍完後將底片送去沖印。

電工領班：負責讓拍攝機器能夠正常運作。

錄音組

⑦錄音師：負責錄音的技術和品質。

⑧麥克風操作員：負責撐持麥克風並隨著演員⑨移動，同時也要確保麥克風能發揮作用。

化妝組

⑩化妝師：拍攝前為演員化妝，拍攝空檔時並做些必要的補妝工作。

技術與藝術

《日以作夜》

布景的另一面……這是楚浮《日以作夜》的拍攝現場。人們往往只是搭建布景的一小部分，其餘的則用畫的，然後再用特效融合在真實的布景裡。

創造布景

從最遠古的時代一直到最近的或最遠的未來，電影幾乎都可以運用完美的寫實主義或是合理的預測創造出來。從最開闊的場面到最隱密的空間，也就是在最細微的小地方，有時甚至是最看不見的小地方，可以發現最神奇之處。無論是家庭內的場景或是壯觀的場面，布景就是要讓人相信故事的真實性。依據電影的類型，布景可能是寫實的、虛構的、聯想性的、簡單的、象徵性的或是描述性的。奇特的電風扇、磨損的地毯、透進屋裡的光線、年代久遠褪了色的牆壁，都足以表現在印度一個昏昏欲睡的下午，這個國家耽於聲色的奇異感覺。

相反的，《忍無可忍》裡象群的通道以及《大羅馬帝國》中古羅馬的大集會廣場，都表現出巴比倫與羅馬的輝煌壯觀，但同時也顯示出脆弱之處……

《歌劇紅伶》的布景

這令人難忘的布景沒有局限在特定的時代，是從美學上表現出所敘述的問題。

當人們忘了這是布景，便是成功的布景。維斯康堤是布景大師，不論是顯而易見的或是微不足道的小地方，都為他的電影增添了詩意，令人想起巴爾札克和普魯斯特。相反的，謝羅在《瑪歌皇后》(1994) 中選擇過分裝飾的風格，避開了太過詩意的危險。

具有聯想意味的布景也是成功的：帶領觀眾去體會電影所要表達的概念與其中的涵義。《鋼琴師和她的情人》(1993)中，鋼琴被搬到船上，又卸下船，孤獨地放在海灘上，在森林中被吊起來搬運，最後放在家中又顯得那麼龐大。鋼琴在這部電影中的地位讓人感覺世界是建構在鋼琴周圍的。

最後，如果布景的特色和導演的風格一致，就是成功的布景。麥克康尼卡為貝內《歌劇紅伶》與《明月照溝渠》所製作的非現實布景，便與電影中要表現的奇異和不安相映成趣。

《鋼琴師和她的情人》

（珍・康萍）

沈默、慾望、暴力，鋼琴的出現已說明了一切。

《星際大戰》
從1997年開始，將會出現三部新的系列片來繼續豐富喬治·盧卡斯1975年想像出來的、這個融合了圓桌武士和西部牛仔的太空傳奇！

服裝製作

服裝可以顯示穿著的人的個性，對演員來說，服裝也是表演時不可或缺的一部分：《七年之癢》裡瑪麗蓮·夢露的緊身洋裝，《法櫃奇兵》中哈里遜·福特有破洞的帽子，《浩氣蓋山河》裡畢·蘭卡斯特優雅線條的服飾，還有《慾望街車》裡馬龍·白蘭度的T恤，都與這些明星的傳奇融為一體，成為他們的一部分……

不論是古代的或現代的服裝，都以獨特的方式描述出角色的特質和故事。服裝當然也使電影中所要表現的那些發生在過去、現在或是未來的真實情況變得更為可信。服裝必須達到某些要求：寫實主義、與畫面和諧；古代的服裝要做到符合事實，現代的服裝要講究顏色與質料，未來派的服裝則要有裝飾風味和巴洛克風格*。

自美國的瑪麗蓮·夢露與法國的碧姬·芭杜之後，服裝才開始襯托出女明星的身材而非只是遮掩她們的體態。《尼加拉》、《巴士

歷史片中的服裝往往太新、太不自然而造成表現場景真實性的障礙，例如兩軍對抗的場面常常像是金光閃閃的閱兵儀式。維斯康堤把《浩氣蓋山河》中加里波底士兵的紅色襯衫浸在茶水裡熬煮，好讓這些服裝有穿了很久、被太陽曬過又沾滿汗漬的效果。

站》和《亂點鴛鴦譜》裡穿著緊身小洋裝的夢露，以及《上帝創造女人》中穿著著名寬鬆罩衫的芭杜，還有她在《不幸時刻》裡的身影都展現了瀟灑自在的風采。後來大部分的女星都沿用了她們的表演方法。

至於男明星，則是從馬龍·白蘭度和詹姆斯·狄恩在扮演商人、乞丐、私家偵探和失業者時，開始徹底拋棄了那些寬鬆的、揉皺的或緊身的服裝。他們就像日常生活中的那樣，一個愛穿T恤，另一個愛穿牛仔褲，而且兩人都喜歡穿夾克。《甜蜜生活》裡那些追逐女孩的義大利小伙子就已經表現出更為舒適、更有城市風的穿衣風格：短外套、褲腳不反褶的流線型長褲、不綁鞋帶的柔軟便鞋還有輕盈的棉質襯衫。

詹姆斯·狄恩

詹姆斯·狄恩在三部電影中創造出一種形象、一種表演風格以及一種不尋常的青春氣息。

《浩氣蓋山河》

維斯康堤花了36個工作天，用了250套服裝來拍攝《浩氣蓋山河》中一場精彩的「舞會」場面。圖中是卡蒂娜爾穿著參加舞會的禮服。

麥克風操作員

麥克風操作員要靈活地觀察著演員的對話與走位，以尋找放置麥克風最理想的位置，同時自己還得注意不能進入拍攝的景框*裡。

錄音

每部電影除了有獨特的影像畫面，也會有特別的聲音色彩和聲音影像。在電影中所聽到的聲音來自於各種聲音的混合與結合：現場的聲音、對白、配音、環境聲音*、音效*、音效製作 * 以及音樂。所有的聲音透過剪輯，都融合在混音後的唯一聲軌裡。

將聲音與畫面一起錄下來，是電影錄音工作的第一階段。錄音師把麥克風固定在腳上或掛在麥克風操作員的釣桿式長棍上，盡可能忠實地錄下所有的對話。但是在拍攝一些大場面時，則需使用無線麥克風。

美國、法國與義大利不同，傳統上都在拍攝時直接錄下聲音，因此在平臺上必須特別注重聲音效果、降低外來雜音的影響，並且嚴格要求現場的安靜無聲。

平滑磁帶錄好後再轉到有齒孔的磁帶（35釐米）上，與畫面以同樣的速度合在一起。事後配音要做到影音同步 * 全靠著名的「對板」。然後就製作出第一份拷貝*——一卷紀錄畫面的底片和一卷紀錄聲音的聲帶。

剪輯時，將拍攝時直接錄製的聲音與聲軌內其他的聲音，混合安置在不同的聲軌裡。如果直接錄製的對話不能使用，演員就要在錄音室裡重新錄音。同時銀幕還會以與畫面一致的速度打上字幕。

音效師 * 借助各式各樣的奇怪物品來補足許多的聲音（腳步聲、砰然關門聲和放東

原音或是配音？外國影片上映時可採用兩種不同的處理方式，兩者各有利弊。一種是在銀幕加上字幕來說明原文對白的主要內容，另一種則是採取配音的方法。義大利的配音片水準很高，不過在法國，配音時並沒有進行真正的錄音或是混音工作，因此一般說來，品質並不佳，聲音的變化也較少。

事後配音

瑪麗蓮・夢露在錄音室裡為《亂點鴛鴦譜》中的一個場景或一段對白進行傳統的事後反覆配音。在義大利，導演往往要求事後配音，像費里尼電影中的對話都是完全在錄音室裡重新錄製的。

西的聲音等等)，還可以利用收有各種聲響的聲音資料庫來達到環境聲音與音效的要求。音樂的錄製與剪輯工作要到很後期才展開，一旦決定，音軌便會被保存下來。錄製的音樂片段要用秒來精確計算，才能直接與畫面搭在一起。

所有準備好的這些聲音（對白、雜音、環境聲音、音效和音樂）便在錄音室裡進行混音，也就是依據導演的要求，將各種不同的聲音按比例合成；這是電影製作非常重要的一個階段。然後混音機製作出沒有對白的國際版聲帶*，以利進行其他語言的配音。

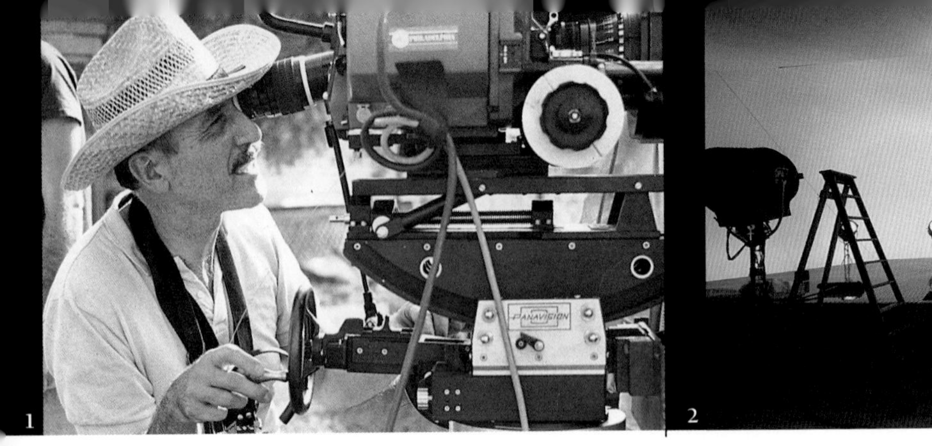

阿曼卓斯

他是攝影指導還是攝影師？阿曼卓斯是導演最親密的夥伴，以自己的個性、自己的美學觀點以及自己的創造力賦予電影獨特的風格。他對光線的運用也很出色。

放映機

「幻燈機」在電影界被稱做「放映機」，所使用的光源可分為弧光燈、白熾燈、橘色或金黃色的石英燈以及用電池的閃光燈。

攝影師

「怎樣避免醜陋的事物進入畫面？怎樣淨化畫面以增加情感的張力？如何把發生在20世紀之前的電影拍得合情合理？在同一個景框*內，如何把自然的和人造的部分、有特定時代的和無時間性的東西統合在一起？怎樣使不協調的物品也擁有同質性？怎麼讓太陽配合拍攝的需要？如何來詮釋導演想要表現卻又表達不出來的感覺？攝影師到底該做些什麼？」已過世的最偉大的攝影師之一阿曼卓斯有天這麼思索著。(《更多》(巴貝特・舒瑞德)、《慕德之夜》(侯麥)、《最後地下鐵》(楚浮)、《天堂的歲月》(泰倫斯・馬立克)、《羅莎夫人》(莫沙・馬茲希) 與《克拉瑪對克拉瑪》(勞勃・班頓) 都是阿曼卓斯的作品。) 他自己回答道：「什麼都該做也什麼都不該做。如果是部耗資龐大、運用許多特效*的電影，就不知道到底是誰在負責影片的攝影；如果是新手執導，就該幫助導演落

《慾望之翼》

楚浮的《野孩子》與《激烈的週日》、馬丁・史柯西斯的《蠻牛》、史蒂芬・史匹柏的《辛德勒的名單》都和文・溫德斯的《慾望之翼》一樣，果斷地選擇了幾乎已20年不用的黑白片。

實他的選擇（關於鏡頭、攝影機的移動、照明和視覺效果）。此外，攝影師也該參與對色彩、器材、形式、布景與服裝等等的選擇。總之，如果攝影師是技術人員的話，他也應具備深厚的文化素養以及對藝術極佳的感受度。人們愈來愈常在電影中察覺到攝影師個人的風格。

拉武・古達帶給「新浪潮」自然均勻的光線，與以往片廠太過清晰的照明不同。楊格運用482釐米的望遠鏡頭*創造出《阿拉伯的勞倫斯》中「海市蜃樓」的效果。戈登・威利斯塑造了《教父》裡激昂又深沈的氣氛以及光線黑白分明的人物。文・溫德斯找到阿爾康來完成黑白片《慾望之翼》，重新發現了這種已被遺忘的藝術形式。史托拉羅（《現代啟示錄》和《末代皇帝》）拍攝電影時偏愛金色和橘黃色。齊格蒙在《在地獄盡頭旅行》裡創造出極其斑駁的感覺。

攝影

攝影機

今天因為有了照片中的露瑪升降機（可將攝影機安裝在活動關節臂上，進行遠距離操縱拍攝）和平穩支架*（攝影機穩定器把失重狀態下的攝影機安裝在球狀體內，而球狀體則安裝在支架上），便可以達成以前做不到的攝影機運動和取景角度。

器材

35釐米規格是電影底片的標準規格，每分鐘可跑27米底片，每秒24格畫面。這是拍攝電影時不可或缺的三個數字。

透過攝影機的鏡頭與移動，在攝影機與明星之間創造出神奇的火花……攝影機是電影最重要的一部分。

攝影機功能的原理很簡單：當影像出現在鏡頭前，快門便開啟，然後抓勾往前卡住底片上的齒孔，將底片拉下一格至定位，好為下一個影像留下空間……這個動作每秒重複24次，如此規律的操作唯有借助機械才能完成。

攝影機的發展，隨著電子、光學和機械方面的日益進步，也獲得了很大的改善。最早是某些攝影機經歷了真正的美學革新，例如迦美菲克斯攝影機。這種攝影機很輕巧，便於肩扛，機動性高，可以在任何地方、任何條件下拍攝。第二次世界大戰期間的美國記者便是用迦美菲克斯攝影機進行採訪，此外也很受「新浪潮」電影工作者的青睞。

不再有片廠裡笨重的布景，也不再是太過清晰的光線……電影回歸生活，早期的「新浪潮」電影裡便吹拂著自由的氣息。

35釐米規格：
銀幕上的畫面（黑色網格確定的規格）和底片上的一樣。

35釐米規格和變形的畫面：
因此在銀幕上可以看到新藝綜合體規格的畫面。

不同的使用規格

16釐米： 1923年開始使用，長期以來一直是用於採訪。這種底片成為青年導演最初拍片（短片或第一部長片）時的工具；可以放大到35釐米。

8釐米： 業餘攝影者所用的規格。將16釐米的底片分成兩半，便可產生8釐米的規格。

35釐米： 專業攝影者所用的規格，同時也是標準規格。底片上的畫面寬度是高度的1.4倍。為了在銀幕上放映出更寬的畫面，必須採用變形方式*拍攝，也就是在拍攝時先將畫面壓縮變形，等到以新藝綜合體*的全景規格放映時，才還原到原先的樣子。

70釐米： 將35釐米放大後的規格，畫面比例為2:1。有些精彩的影片是直接在這種規格的底片上拍攝的，例如《阿拉伯的勞倫斯》、《西城故事》、《賓漢》及《埃及豔后》等等。

效果一向最好的伊瑪克斯： 這個全景規格所放映出的畫面是35釐米底片的10倍大，需在有特別設備的放映廳（巴黎晶球）裡放映，僅為那些報導極為轟動的新聞影片所採用。安諾剛用這種規格拍攝了第一部劇情片《勇氣之翼》。伊瑪克斯可以創造出立體感或3D的效果：拍攝時，用兩個不同的鏡頭分別拍下畫面，放映時再用著名的雙色（藍／紅）眼鏡使每隻眼睛產生獨特的視覺效果，從而創造出立體感。

①遠景
②全景
③中景
④近景
⑤特寫

鏡頭

電影就像任何一種語言一樣，有自己的「語法」，其中有三個組成要素：鏡頭*、攝影機移動鏡頭以及角度。

遠景：拍下整個的布景、景象與人群等等。遠景常常是描述性的，以明確指出時間與地點的整體情形。遠景使情節的景框更為突出。

中遠景：同樣也是將人物置於布景裡，不過會更加突顯人物，表現聚集的人群。中遠景往往運用在引出一個場景或結束一個場景。

全景：要把演員從頭到腳拍攝進鏡頭內。演員用整個身體來進行全面的表演。

中景：在景框內拍攝一個或數個人物（鏡頭取在人物的大腿之上）。美國喜劇尤其常運用中景來拍攝。

近景：拍攝人物的上半身，紀錄下他們

在鏡頭下，電影畫面與照片和繪畫一樣遵循著相同的準則。比方說採用鏡頭*縮小的方式將人物安排在一扇門或窗內，畫面中吸引人注意的部分也就縮小了。人的眼睛會自動以一種規劃過的方式去掃看表現的影像，善用這種視覺因素便是一種很自然的構圖技巧。

「分鏡表」

在動作片中往往利用分鏡表*來更充分地準備分鏡劇本以及拍攝要用的鏡頭。這裡是希區考克《鳥》的分鏡表。

內心的反應;更細膩地呈現人物的臉部表情,肩部和手部的動作也更富有表現力。

特寫: 整個銀幕只拍攝臉部或呈現某個小地方。導演突顯主要的事物,期望吸引觀眾的注意。

鏡頭的轉換不僅僅是從整體到個體、從複雜到簡單、從全體到細節而已,必須要能夠改變觀眾的感受並符合劇情的開展。

一般說來,取景*時要考慮到所拍攝事物在表現上或美學上的意義。

電影長期以來一直嚴格地遵守著這些「語法」,不過今日的傑出電影卻已經擺脫了這些規則,我們現在觀看電影時也已經習慣了中斷、矛盾與片段式的情節開展手法。

推軌鏡頭

高達的《周末》是運用推軌鏡頭最著名的電影之一，鏡頭推移了300公尺之遠。

攝影機的移動鏡頭與角度

電影的鏡頭*並不是固定的畫面，它與繪畫不同，擁有動態的構成要素。劇本中的人物在劇中活動，同樣也是在景框*（即畫面上紀錄的視覺空間）內活動。人物可以走向銀幕的高處或低處；如果他向攝影機靠近，鏡頭便由遠景轉換到特寫。

攝影機本身的移動也會產生同樣的效果。有兩種拍攝全景的方法：用全景鏡頭*（攝影機本身的移動）或鏡頭推移*（將攝影機臺座置於軌道上水平移動的推軌鏡頭，與將攝影機架設在活動支架上往任何方向移動的升降鏡頭）。

全景鏡頭： 可以是垂直的、水平的或是圓周的運動。大部分的全景鏡頭都具有描述性與客觀性：觀眾與攝影機一起發現物體或人物。全景鏡頭也可以是主觀的：例如由鏡頭代替某人在茫茫人海中找人的那種焦慮不安的眼神。戲劇性的全景鏡頭則有助於劇情的開展：緩慢的全景鏡頭帶出一個會牽動劇情的新要素，並依情節產生喜劇或悲劇的效

果。

攝影機可以在手上、在軌道上、在汽車上、在直昇機上或在飛機上移動，這種有規律的攝影機移動就叫做**鏡頭推移**。可以採用向前的鏡頭推移來配合簡單的運動邏輯（例如拍攝汽車上的人時）或是帶領觀眾到故事發生的地點，也可以藉由從整體到個體的過程突顯人物的動作（驚訝、殷勤或全神貫注）或從整個環境中將兩個人物抽離出來。

相反的，「向後的鏡頭推移」則使得人物處在愈來愈寬廣的背景下，有時甚至會消失在背景裡。這種鏡頭推移常是為某個場景作結。

「側面的鏡頭推移」所呈現的往往像是乘客所看到的景象，常常用來拍攝追蹤場面，不過同時也能生動地表現心理活動。這種鏡頭推移也可以處理從一個人到另一個人的畫面，以避免分鏡（正拍鏡頭* / 反拍鏡頭*）。

鏡頭的比例、移動以及取景的角度都決定了拍攝的效果。因此導演可以採取水平視線鏡頭（離地約 160 公分，接近一個旁觀者的身高），也可以用升降攝影架將攝影機置於拍攝題材之上，以取得「俯角鏡頭*」的效果，或是讓攝影機貼近地面，達到「仰角鏡頭*」的效果。更確切地說，俯角使人物顯得渺小，仰角則使人物變得崇高。每個角度的選擇都具有心理狀態上的意義和表現主義的色彩，以使觀眾產生難以忍受、焦慮不安或出乎意料的感受。

仰角和俯角

執導《大國民》（下圖，俯角）與《安伯森大族》（上圖，仰角）的奧森・威爾斯是運用極端拍攝角度的大師，盡可能地利用了仰角與俯角產生的對比效果。

從黑白片到彩色電影

黑白片與彩色電影間的辯論，首先便牽涉到美學上的問題：當人們以較寫實的方式（彩色）去描繪世界時，難道不會失去黑白影像所富有的聯想力？

黑白在光線的運用中產生豐富的聯想力。拍攝黑白片時，運用光線創造出不同的黑色、白色與灰色，表現出心理狀態，也突出了畫面的立體感。

然而，電影起初是一直在尋找色彩的。經過多次嘗試，特藝彩色*才在1932年發明了三色*電影，先用藍色、紅色與黃色的底片紀錄下每個原色，然後加以重疊恢復真正的色彩；以特藝彩色拍攝的《亂世佳人》便是完全依照這個流程來製作的。不過特藝彩色的色彩對比太過強烈，無法達到和諧一致的效果，因此許多電影工作者比較喜歡黑白片中變化細微的灰色以及運用光線所產生的效果。針對色彩運用產生的美學問題，出現了六〇年代使用的單色底片。

今天我們可以很容易就意識到各個導演處理色彩的獨特風格：卡霍的超現實主義（《壞痞子》）；謝羅在《瑪歌皇后》裡只使用少量的色彩（紅色、金色與黑色）；貝托魯齊在《末代皇帝》中交替使用暖色調（代表過去）與寒色調（代表現在）的色彩。

《仇恨》(1995)

黑白片靠著廣告與短片方面的表現重新受到了重視。只要是題材需要，現在電影會毫不猶豫地選擇黑白片的形式，並藉此與電視作出區隔。這是1995年坎城影展得獎的《仇恨》（凱索維茲）中的一個場景。

《洛城故事》(1966)

傑克・德米所崇尚的歌舞電影就彷彿是則短篇小說或是寓言故事。劇中的一切都與現實脫節，尤其是色彩上的運用。相較於《秋水伊人》中令人不快的色彩，德米在《洛城故事》裡選擇了與幸福一樣模糊的粉藍色、玫瑰色、黃色和橘黃色。

剪接師

導演就像小說家一樣，要編寫故事、決定不同情節發生的時間順序，並用這些畫面來吸引觀眾的注意。

剪接便是「依時間順序在一定情況下，組織並接合所有的鏡頭。」

拍攝好的電影經剪接後又呈現出新的風貌。剪接師把拍攝到並保留下來的那些雜亂無章的鏡頭集合在一起，再依照特定的觀點組織這些鏡頭，建立起彼此的統一協調。事實上，電影正是從剪接後所產生的畫面關係中創造出來的，譬如說視覺關係、聲音關係以及畫面延續的關係。成功的剪接要能創造出新的現實。

剪接師剪接時並不會完全按照「毛片 *」上最初的安排，他會增加或刪除一些鏡頭，

剪接器材

剪接師在剪接桌上用看片器檢視影片並聆聽對應的聲音。剪接桌配備有一面銀幕（通常是兩面）和喇叭。導演檢視紀錄一天所拍鏡頭的「毛片」後，底片和聲帶便放置在片盤上來接合導演所要保留的一組鏡頭。
墊著大塊棉布的修剪籃上面吊著剪接時需要用到的底片和聲帶。

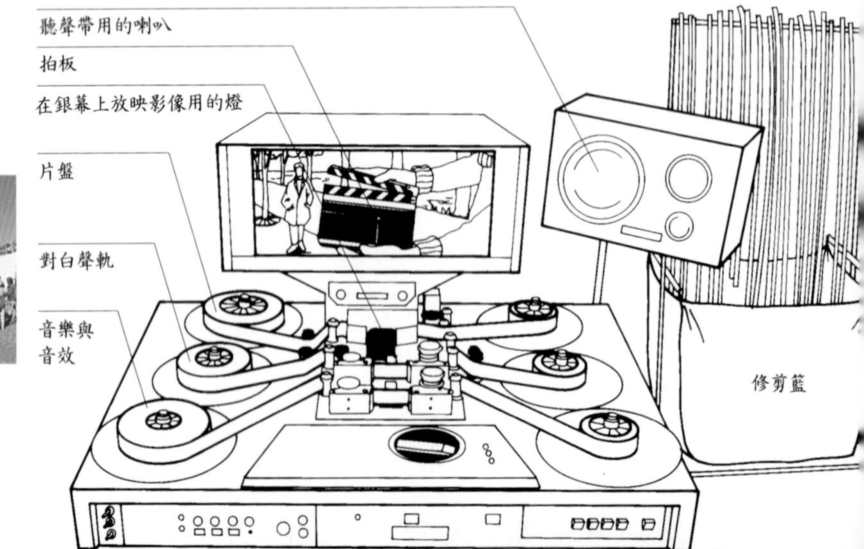

以增加畫面的表現力。加入的銜接鏡頭（如手或眼部的特寫）可以使觀眾更充分地理解人物的意圖和反應。

刪除某些鏡頭則可避免重複，也可以改變節奏，有時更會增添人物的曖昧與神祕感。不過鏡頭本身並沒有明確的意義，等到彼此間產生關係後，才有了貨真價實的電影意義與豐富的表現力。

鏡頭的安排流露出真實的風格。剪接具有特殊的表現形式，以下是主要的幾種：

平行剪接　古典電影中，將發生在不同地點的兩個情節剪接在一起，暗示它們是同時發生並且互有關聯的。

類比剪接　使兩個場景間產生奇異的關係與詩意的對應。

對比剪接　在兩個對立的場景間創造出對應的關係。

同步剪接　先用連續的片段交叉表現發生在同一時代、但不同地點的事件，然後再將一切集合在位於同一地點的同一片段下。這就是克勞德・賴盧許在《波麗露》中所運用的手法：來自俄國、美國、法國與德國的人物，為了相同的原因圍繞著同一場景出現。

主題剪接　有規律地重現大致相同的畫面，使情節更加突出。

艾森斯坦與亞伯・岡斯等的導演曾革新了剪接手法，而大衛・連與亞倫・雷奈在成為世界級的電影大師前都曾是剪接師。

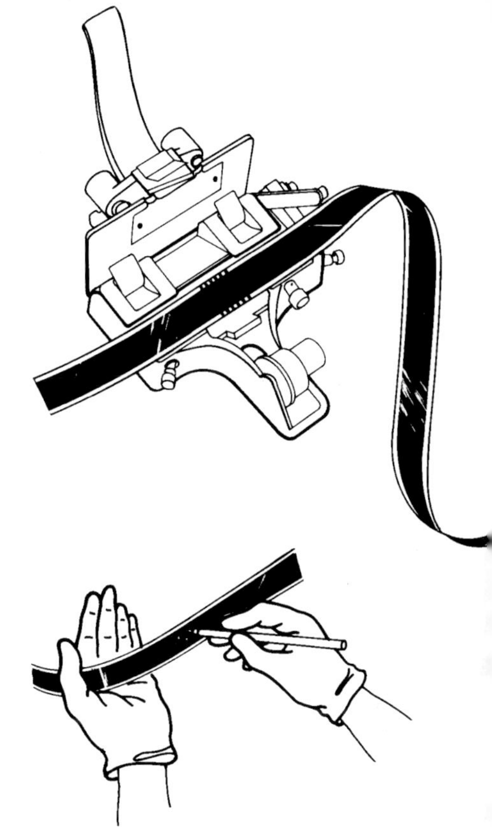

剪接師利用拍板來保證影音同步，為聲音和畫面定位。
剪接器是剪接師最得力的助手，上面有小刀和用來固定底片的齒孔。剪接師用它來精確地剪輯，再用膠帶代替膠水將每段影片接合起來。

塞吉歐・里昂尼在拍攝電影前會先譜出電影音樂，然後拍攝時便在平臺上演奏。

音樂家

電影促成了音樂家與導演的合作（例如著名的尼諾・羅塔與費里尼、馬利科納與塞吉歐・里昂尼、雅爾與大衛・連、拉班與法斯賓達、勒格朗與傑克・德米以及塞拉與盧・貝松等等），影片和音樂之間也建立起密不可分的關係。

音樂從一開始便與電影結合，兩者就像「微風和漁父的帆船」一樣缺一不可。1935年的默片「並不是沈默黑暗的時代」，「相反的，在這段期間，音樂和電影建立起穩固、複雜又獨一無二的多變關係」。配樂成了電影的一部分。

這整個世紀以來，在流行音樂類型上的演變影響了電影音樂的發展，電影音樂的作用也隨之產生了變化。音樂一直是為演出伴奏並創造出一種聲音布景，而且片頭字幕列出的所有主題曲都會與序曲互相呼應。當主旋律反覆響起時，音樂便更細膩地營造出心理和戲劇的效果，例如《禁忌遊戲》中伴隨著小孩出現的同名主題曲，還有《狂沙十萬里》中用口琴吹奏的主旋律，直到最後的片段才表現出意義。音樂有時甚至決定了剪接的節奏：《發條橘子》中的某些片段是按音樂來剪接的，其中有一個便是依羅西尼的〈賊鵲〉剪接而成的。《亞歷山大・涅夫斯基》中著名的冰湖上的戰役，就是由導演拍攝的鏡頭，融合普羅科菲耶夫的音樂所共同創造出

古典音樂被應用在電影音樂上，電影也幫助了人們去發現並欣賞某些古典音樂：《亂世兒女》中普賽爾的〈致瑪麗皇后的讚歌〉，《威尼斯之死》裡馬勒的〈第五交響曲〉柔板，《訴訟》中阿爾比諾尼的柔板，《波麗露》中拉威爾的〈波麗露舞曲〉。

來的。

某些音樂可以營造出特別的氣氛，賦予某些場景獨特的色彩，就像《現代啟示錄》一開場時杜爾的音樂便表現出影片非現實的一面與活躍的幻想，另外，《碧海藍天》中塞拉的音樂也突顯了影片所要表現的催眠氣息。

也有些電影是環繞著音樂展開的：法斯賓達的《莉莉瑪蓮》以著名的歌曲揭開序幕，令人分辨不出究竟是音樂在表現一個時代，還是音樂創造了一個時代。

音樂在電影中的地位日趨重要。愈來愈多的電影開始利用來自CD、收音機等的現成音樂作為「聲源」。昆西・塔倫提諾的《黑色追緝令》大大地推動了這股風潮，伍迪・艾倫同樣也運用了許多聲源，使電影中的每一刻都具有獨特的風格，並創造出統一的聲音色彩。

某些樂器創造了影史上的傳奇：《狂沙十萬里》裡的口琴、《大路》裡的小號、《齊瓦哥醫生》中的巴拉萊卡琴、《斷頭臺的電梯》中米勒・戴維斯的小號演奏以及《禁忌遊戲》裡的吉他都深深地印在觀眾的腦海裡，就像我們永遠忘不了《〇〇七》、《頑皮豹》、《教父》、《在雨中歌唱》與《波麗露》的主旋律還有瑪麗蓮・夢露（《大江東去》）、珍妮・摩露（《夏日之戀》）和碧姬・芭杜（《私生活》）的聲音。

《摩登大聖》

運用虛像和「漸變*」等特效創造出空前的成功。

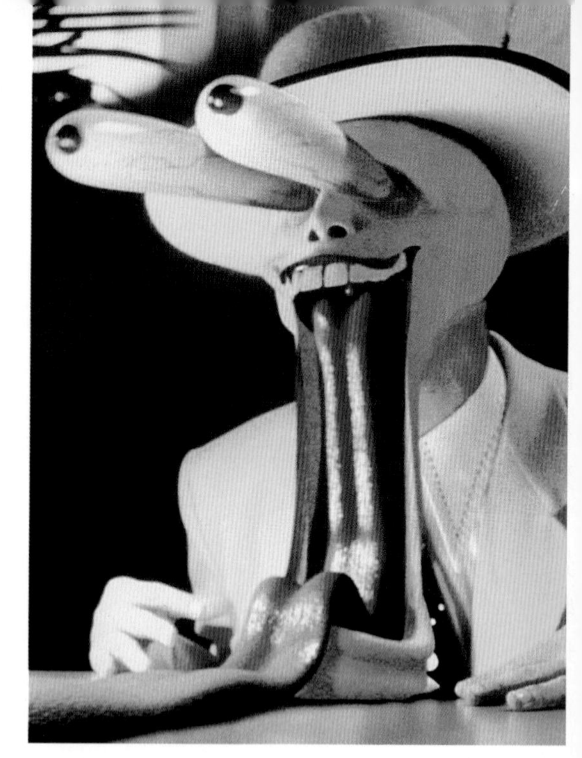

《威探闖通關》

《威探闖通關》(1988)繼《瑪麗・波賓》之後成功地結合了動畫與傳統的真人畫面。

故事效果與特效

有些特效是為了製造驚天動地的效果，有些則是電影劇情的一部分，成為一種電影語言。

鏡頭焦點的變化會產生「溶」的效果，一個影像逐漸變形模糊而顯現另一個影像。「溶」可以連接起兩個畫面，消除中間的隔閡。焦距的變化導致「扭曲」，產生與現實不符的物體。將兩個或多個影像「疊印」，很容易便可以表現出時間的縮短，達到類化的效果並處理回憶、夢幻和幻覺的場面。喜劇最常使用的「慢動作」和「快動作」則重新塑造了現實與時間。

電影是最富有幻想力的藝術，開啟了運用特效*的風氣。早期的電影便已經出現顛倒動作、攝影機暫時停轉與透視的效果。

天災(海嘯、地震等等)、家中的意外(樓梯倒塌、火災)、汽車、飛機與火箭間的追逐、聳人聽聞的意外、槍炮的攻擊、爆炸……電影可以模擬這一切。用電扇吹出風、用水管噴出雨、用蒸氣代替煙、用裝著膠彈的空氣槍射擊出的傷口——這些便是最早期的特效。

然而還可以利用光學:繪在玻璃上的布景、透明印片(《大金剛》)、光學印片機*或特殊效果攝影製作的背景以及將分開拍攝的場景並列在一起等等。

今天又出現了電腦動畫(《外星人》)與將影像數據化的技術,迪士尼片廠的《電子世界爭霸戰》便是運用畫面合成的特效來拍攝的,《阿甘正傳》中湯姆·漢克斯與甘迺迪總統握手以及與美國最近幾任總統談話的畫面也正是受惠於這項技術。

《魔鬼終結者》與《摩登大聖》中令人目瞪口呆的變形場面則運用了「漸變*」的特效。

特效電影:
—《大都會》裡的瑪莉亞(1926);
—《大金剛》(1976);
—《星際大戰》(1981)裡的機器人蒂托和特里普;
—《外星人》(1982);
—《小精靈》(1984);
—《魔鬼終結者》(1984);
—《機器戰警》(1987);
—《威探闖通關》(1988);
—《阿甘正傳》(1994)。

《魔鬼總動員》

化妝也是特效的一部分;有時要化妝成老邁、年輕甚至與原來完全不同的醜陋模樣。圖中是阿諾·史瓦辛格在拍攝《魔鬼總動員》時化妝的情景。

發行與推銷

電影拍攝完成後，便進入關鍵性的宣傳階段……今天電影的行銷預算往往相當龐大並且涵蓋在製片的預算內。

從此電影的宣傳活動不再局限於放映廳的入口，收音機、電視和報紙上都可以進行宣傳。新聞記者因此扮演著極為重要的角色：他們在雜誌上報導電影、刊登劇照、訪問明星，也在專業刊物上發表影評。

關於電影的訊息同樣也可以藉由「推銷」傳播：從T恤到鴨舌帽、書包到皮夾，甚至連餅乾盒及巧克力糖的包裝都印上了電影的名字、著名的畫面以及企業識別標誌*。迪士尼的動畫最擅長利用這類的推銷手法，在世界各地的許多產品上都印有迪士尼專屬的圖案。史蒂芬・史匹柏的《侏儸紀公園》從這些周邊產品獲得的利益要比影片本身的收入還多。

但是，並非所有的電影都採取這樣的行銷方式。有些電影則透過影展的放映，贏得了人們對其藝術價值的讚賞，另外還有些專門放映藝術電影和實驗電影的地方以及電影評論雜誌（電影筆記），幫助我們去認識並瞭解這些電影。

對電影而言，觀眾走出電影院時便是決定命運的時刻，雖然電影院決定了電影的評價，但卻不是唯一可以這麼做的地方。有些在電影院放映時並不很成功的電影，經電視

宣傳活動

《屋頂上的騎兵》(哈帕諾，1995）製作了多張海報，展開大規模的宣傳活動，為茱麗葉・畢諾許和奧利佛・馬蒂內做了極佳的宣傳。

播映後卻極受觀眾的喜愛，這種現象其實並不奇怪，主要是因為價值認定的標準與大眾的口味不盡相同。

錄影帶發行時則須考慮到本身在經濟層面上的重要性，以採取特別的行銷策略。另外還有許多人不上設備較好的放映廳，但會去二、三流的電影院觀看B級片（科幻片、血腥片*、驚悚片與色情片)。

電影史

默片時期

古典時期

現代電影

電影類型

默片時期

《忍無可忍》
（葛里菲斯，1916）
影片中史詩的氣息、盛大的場面、不朽的形式與風格，一直都是好萊塢仿效的典範。

《波坦金戰艦》
這部電影憑著特殊的主題、拍攝的規模以及科學的剪輯成為世界名片。

盧米埃兄弟從 1895 年起便獻身於紀錄片與電影的拍攝：紀錄片《盧米埃工廠的出口》、喜劇片《灑水記》、寫實風格的《火車進站》以及新聞片《沙皇尼古拉二世加冕典禮》。

喬治・梅里耶使電影成為幻想與夢想的藝術。身為第一批電影編劇之一的梅里耶也創建了第一座片廠，繪製了最早的布景，製作了最早的特效。他使歷史事件重現（《德雷菲斯事件》）、讓童話故事成真（《 灰姑娘》）並創造出科幻片（《月球之旅》）。

1914–1918 年的大戰使得歐洲的電影重鎮轉移到美國，在美國又從東部發展到西部，好萊塢因而誕生。葛里菲斯賦予電影特殊的語言（剪接、節奏、鏡頭關係等）；印斯發明動作電影，尤其是西部片；麥克・山耐推出諷刺劇和視覺上惹人發笑的喜劇，另外他還發現了日後創造出夏洛(Charlot)這個角色的卓別林。

1918年戰敗的德國孕育出表現主義（繪畫上的運動），從拒絕現實出發並有系統地將物體、人物與環境變形，營造出特別的氣氛。涉及病態主題（瘋子、幽靈、吸血鬼）的劇本使電影的夢魘氣息更加深刻。自《卡里加利博士的小屋》(1920)之後，這個運動又孕育出穆瑙的《吸血鬼》(1921)以及佛利茲·朗的《馬布塞博士的遺囑》(1922)與《大都會》。

俄國的十月革命(1917)把電影變成文化與政治宣傳的工具。艾森斯坦的《波坦金戰艦》是最傑出的革命電影，確立了剪輯上的一些規則，這些規則至今人們仍會拿來參考。普多夫金在《母親》中將浪漫的素材溶入革命的主題裡。杜甫仁科的《大地》則表現出俄國電影的抒情與動人。

戴呂克、艾普斯坦（《烏塞爾房屋的倒塌》，1927）、勒爾比（《金錢》，1928）與亞伯·岡斯（《鐵路的白薔薇》，1924）懷抱著同樣的雄心壯志——拍出一部可作為「眼睛的音樂」的「純電影」，他們所拍攝的電影就像是「視覺上的節奏交響樂」，用快動作、慢動作、疊印、模糊、視覺圖案以及黑色與白色來進行演奏。

卓別林

卓別林是好萊塢第一位世界級明星，也是最獨立的藝術家，五〇年代時因麥卡錫主義被逐出美國，直到去世前幾年才回到美國接受好萊塢的致敬。

富有詩意的法國寫實主義

在尚・雷諾與普雷維爾的合作下，誕生了《蘭基先生的罪行》，為寫實主義派（如格倫米翁、費德爾、貝克、卡內和朱里安・德威）開闢了一條大道。這個運動的特點是追求社會層面與心理層面的寫實並去觀察日常生活的一切，其中有許多故事、典型和人物都是取材自人民陣線*時期的法國。

尚・迦本是這個時期的偶像明星，正因為有了迦本，電影才真正成為「(表達) 氣氛的嘴巴」：《好班底》中戴著禮帽，《日出》裡戴上鴨舌帽，《大幻影》中戴著法國軍帽，《霧的碼頭》裡演逃兵，《衣冠禽獸》中又變成鐵路工人。這些電影致力於表現世紀末的

《望鄉》

尚・迦本在朱里安・德威的《望鄉》中扮演一位素行不良但卻心地善良的小伙子，成為影史上的傳奇，並促使後來出現許多這類既是命運的受害者同時也被自己所害的英雄角色。

《天堂的小孩》

「懂得欣賞美的人們……請進來看……」。片中的加藍斯（亞烈提飾演）、佛雷德里克・勒瑪特（皮耶・布倫索飾演）、浸信會教徒（尚一路易・巴羅飾演）與雷瑟納爾都是令人難忘的英雄。卡內和普雷維爾在電影裡將糾結的藝術與生活混合在一起，但又試圖釐清彼此錯綜複雜的關係。

氣氛：《好班底》呈現的是與人民陣線共同憧憬的法國，《外人部隊》裡是毀於政治和金融醜聞的法國，1936年的《望鄉》與1935年的《天涯海角》中表現出殖民夢破滅的法國，還有逐漸從對個人失望（《霧的碼頭》，1938）轉變到對社會失望（1939年的《日出》與《遊戲規則》）。

卡內與普雷維爾攜手合作，將富有聯想力的畫面與精彩絕倫的對白結合，創造出以下的傑作：《霧的碼頭》、《日出》、《天堂的小孩》與《夜之門》(1946)，其中某些場景和對白更成了影史上的佳話，例如「妳知道妳有美麗的雙眸!」 還有「在熱戀情侶的眼中，巴黎實在太小了。」

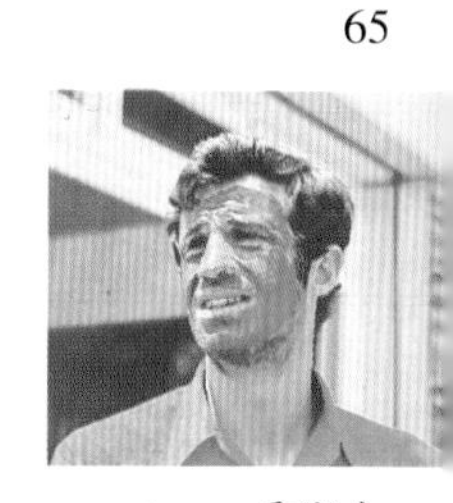

《對頭冤家》

片中人物面臨的失業問題和悲慘生活，正是義大利在法西斯統治末期的真實寫照。維斯康堤受尚·雷諾的影響，創造出第一部新寫實主義的傑作。

義大利的新寫實主義

戰後的義大利檢視了自己──現實世界中的義大利並非像墨索里尼想像中的那樣。從1942年起，維斯康堤所拍的《對頭冤家》就像面鏡子般地反映出「白色電話*」裡的那個和睦平靜的天地已經變形走樣了。1945年，羅塞里尼，和初出茅蘆的助手費里尼，用鉅資拍攝了其中有許多新聞片段的《不設防城市》，這是一部勇於面對現實的電影，第一次去正視戰後的日常生活，以及男男女女在物質上和精神上所承受的苦難。

新寫實主義的電影工作者在拍攝《最後審判》(薩凡提尼)時，帶著攝影機到大街上，以真實的貧窮來表現美感：沒有燈光的效果，也沒有布景，但卻一點兒都不做作地創造出充滿戲劇張力的內容，以及富有表現力的構圖。這些關注人類以及人類的不幸、卑微與

真實處境的電影，表現了真正的人文主義。羅塞里尼、費里尼、維斯康堤、狄・西嘉、拉蒂達與狄・桑提斯都以自己的方式為新寫實主義下了註腳。

羅塞里尼被比喻成畫出當代歷史時刻的畫家，例如《戰火的地方》、《德國零年》與《歐洲 51 年》都表現出一個四分五裂的世界，而羅塞里尼對這個世界其實是充滿理解與同情的。維斯康堤的電影則不僅僅是描繪而是要證明社會上的苦難，進而號召改革，進行深入的社會革新；1948年的《地震》由非職業演員演出，演員在片中說西西里方言，講述的是一個關於失敗和要求大家團結起來奮鬥的故事。狄・西嘉在《擦鞋童》(1946)、《單車失竊記》(1948)、《米蘭的奇蹟》(1951)、《退休生活》(1952) 與《那不勒斯的黃金》(1954) 裡表現出在困境中奮鬥的人的尊嚴。費里尼的《大路》(1954)與《加比莉亞之夜》中深刻地描繪出個人的不幸，而這種不幸只有靠著堅定不移地追求才能尋得希望。

《單車失竊記》
總是有比自己還要窮的人；生活的苦難總是令道德難以維持。狄・西嘉嚴肅地拍出了兒子眼中一貧如洗的父親。這是新寫實主義時期最受全世界觀眾喜愛的電影之一。

《西城故事》
伯恩斯坦譜寫的音樂，羅賓設計的舞蹈，魏斯的攝影，耳熟能詳的羅密歐與茱麗葉的故事，《西城故事》將場景移到六〇年代初期的幫派鬥毆中，成為音樂喜劇片不朽的傑作之一。

片廠的黃金時代

在美國電影中，任何一種敘述都應是一種電影的類型。在片廠制度鼎盛的時代主要有三種電影類型：歌舞片、西部片及黑色電影。

歌舞片裡的情節可以取材自西部片，也可以來自社會喜劇或是感傷喜劇，然後再插入一些相關的歌曲和舞蹈。這些明星既是表演者（金・凱利、佛雷・亞士坦、茱蒂・迦蘭、席德・查理斯、金姐・羅吉斯)，又是編舞者（巴士比・柏克萊)，以及導演（文生・明尼里、史丹利・杜寧)。1940–1950年是歌舞片的黃金時期，《一顆星升起了》、《舞蹈的翅膀》、《綠野仙蹤》、《萬花嬉春》與《金粉世家》都是很成功的作品。六〇年代初期又開始回歸這種類型，《西城故事》(1961)、《窈窕淑女》(1964)、《幸福的旋律》(1965)、《酒店》(1972)、《紐約，紐約》(1977)則是歌舞片最後的代表作。

西部片結合了歷史與美國風情，其中有描寫亡命之徒的、有描繪伸張正義的英雄的，也有表現西部牛仔與印第安人的對立的……主要的故事架構還是征服西部的歷史。很多著名的美國導演都拍過西部片：約翰・福特（他導了14部）、霍華・霍克斯、尼古拉斯・雷、威廉・惠勒，後來又有亞瑟・潘（《小巨人》）、薛尼・波拉克（《猛虎過山》）、勞勃・阿特曼（《花村》）……1990年，凱文・科斯納自導自演了《與狼共舞》，期望以此向印第安人致敬，推翻以往西部片對印第安人偏頗的描繪。

黑色電影使警匪片成為美國電影的傳奇，這類型的電影有其獨特的表現手法：夜晚、黑白的反差、城市中一些特定的地方(酒吧、倉庫、社會邊緣地區、警察的哨亭)、交通工具與汽車等。另外也有獨特的人物角色：三〇年代《小凱撒》、《疤面人》、《公眾的敵人》中詹姆斯・凱格尼與愛德華・羅賓遜扮演的幫派分子，四〇年代《梟巢喋血戰》中亨佛萊・鮑嘉扮演的私家偵探（戴著軟氈帽、穿著風衣的外型，以及忠誠、為工作賣命的性格），《郵差總按兩次鈴》、《死亡保險》與《夜長夢多》中共同犯罪的夫婦（毀滅性的熱情帶給他們的悲劇，為黑色電影增添了撼動人心的效果），以及《城市之夜》和《男人的鬥毆》中有組織的幫派（這類的搶劫影片所佔的比例最多）。

《夜長夢多》

（霍華・霍克斯）
傳奇的芭卡爾與鮑嘉夫婦可與黑色電影的傳奇畫上等號。

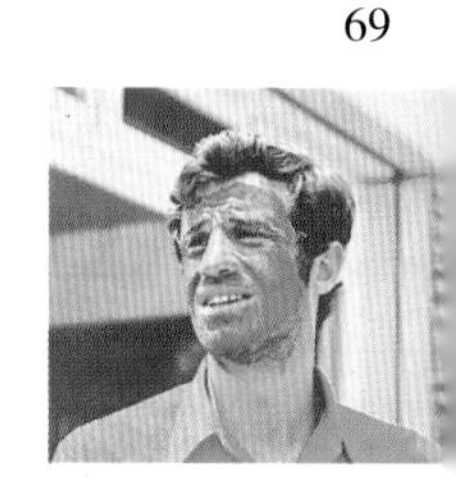

現代電影

《夏日之戀》

楚浮在每部電影裡都試圖創造出輕快又嚴肅的藝術風格,《夏日之戀》則又多了那麼一份優雅。

「新浪潮」

六〇年代初期,從電影筆記的評論活動中誕生了「新浪潮*」。「新浪潮」認為導演是電影唯一的主宰,也是真正的作者,同時還提出了全新的美學觀念:在主題的選擇上,要「用另一種思想、另一種方式去拍攝另一種題材」;更講究經濟上的效益(以較快的速度拍攝而且也不採明星制度*);運用新型的電影底片、更輕便的攝影機(迦美菲克斯),並採用更自然的光線,以除去片廠拍攝的斧鑿痕跡以及片廠拍攝技術上的限制。

「新浪潮」的電影採用更個人化的主題、更自然的人物與更貼近現實的文字風格,而且由年輕的電影工作者來拍攝:楚浮26歲,夏布洛28歲,高達30歲,另外還出現了新一代的導演:傑克・德米、侯麥、里瓦特、安妮・華達、卡瓦里耶、米歇・德維勒、狄・普勞加等等。

夏布洛的電影流露出濃濃的悲觀氣息,有的溶入了社會性的情節(1973年的《紅色婚禮》與1995年的《典禮》),有的是對時代的描繪(1978年的《三面夏娃》與1988年的《女人事件》),有的則表現錯綜複雜的心理(1992年的《貝蒂》),還有的表達出嘲笑和戲謔(1985年的《醋雞探長》和1986年的《拉瓦丹視察員》)。楚浮追憶著童年:從《四百擊》開始,到後來一系列以「安東尼・達諾」

為主角的電影，還有1964年的《野孩子》和1976年的《零用錢》； 他也思考藝術與生活的關係（1973年的《日以作夜》和1980年的《最後地下鐵》）；他對文學的感受性更孕育出兩部傑作：1971 年的《夏日之戀》和1975年的《巫山雲》。

高達在《斷了氣》中為了呈現全新的人物、情節、動作、時間、地點和聲音而將舊有的一切粉碎。他的電影充滿詩意，從不停止運用拼接的手法（1963年的《喚醒她的人生》與1966 年的《我所知道她的二、三事》、《男性，女性》），並用抒情的方式來表達（1965年的《狂人皮埃洛》，1964年的《蔑視》和1991年的《新浪潮》），而且還對表演提出了疑問（1980年的《人人為己》，1982年的《激情》與1983年的《芳名卡門》）。

《斷了氣》
這部電影在口吻、節奏、形式和語言方面呈現出真正自由、無拘束的變化。

《朦朧的慾望》

(1977)

布紐爾的最後一部電影。這部新版的《女人與傀儡》處理了「旅行」的主題：一位總是在逃避的人物，不斷在現實、想像、夢幻和幻覺間來來去去。

導演的時代

安德烈・巴贊與雅克・都紐爾－瓦科茲於1951年創辦了《電影筆記》雜誌，取代了以往電影俱樂部全憑經驗在做的工作，他們把電影視為一門藝術，而導演就是電影的作者，在自己的作品中展現獨特的美學概念。阿斯特里克主張「攝影機即鋼筆」，認為「電影就像一種語言，也就是藝術家可以用來表達思想的形式……，也是一種與書寫文字同樣靈活與細膩的描寫方式……，電影同樣可以創造出像福克納、馬爾羅、沙特和卡繆的小說那樣有深度、有意義的傑作……。」一些獨立的藝術家深受他們民族文化、藝術的影響，而創造出一個天地、一門語言，及一些受世界認可的專業知識。

奧森・威爾斯、希區考克、柏格曼、布紐爾、安東尼奧尼、費里尼、維斯康堤、布烈松、雷奈、高達、楚浮、黑澤明、薩耶吉・

雷、史丹利・庫柏力克和塔可夫斯基都是這樣的藝術家。

奧森・威爾斯在視覺上的創新與打破時間順序的描述方式；希區考克結合了幽默與懸疑；布紐爾承襲自超現實主義的煽動風格；柏格曼認為電影首先是精神上的事務，是一種與上帝和在困境中痛苦的人們的溝通交流；安東尼奧尼、布烈松、雷奈、高達則運用不凡的技巧，表現出彷彿是以形式來展開敘述的風格。他們在藝術上的實踐就是追求表演中的沈思。

費里尼在電影中結合了夢想、現實、回憶和幻覺；維斯康堤則描繪出歷史斷層時期人們的命運，像印度的薩耶吉・雷那樣，追憶著漸漸消失的世界。

前蘇聯塔可夫斯基則思忖著人們在集體農莊時期的命運。

在庫柏力克所拍攝的各類型電影中（歷史片、戰爭片、科幻片、神怪片、偵探片等等）都可看到悲觀主義的影子；黑澤明則相反，運用經常是抒情的畫面，來表達對於人類以及未來可能有的變動所抱持的樂觀態度。

《後窗》(1954)

坐在輪椅上不能行走的詹姆斯・史都華是一位攝影師；希區考克指出電影就像是一種偷窺的藝術。

《高跟鞋》(1992)
阿莫多瓦重新採用通俗劇這種能夠敘述一切、顯露一切的過度表現形式。

當代電影工作者

今天哪些人是執著追求藝術並具有創新能力的最佳電影工作者?

美國有許多電影工作者表現出美式創作的活力：約翰・卡薩維蒂選擇拍攝不屬於好萊塢夢想的美國日常生活，他以更貼近現實的方式拍攝，捕捉演員的一舉一動，今天許多年輕的電影工作者便仿效他這種拍攝方式；勞勃・阿特曼拍攝各種類型的電影（例如西部片、警匪片、戰爭片)，並將影片分為許多小片段，就像把所有價值都化為灰燼一樣；柯波拉繼承了史詩的傳統但同時也具備冒險的風格；史柯西斯可能是最優秀的一位，他不斷以自己的導演才華與拍攝技巧帶給觀眾耳目一新的感覺；史蒂芬・史匹柏總是不斷在每一部影片中發現（同時與他的觀眾一起)到電影這部最特別的製夢機的奇妙之處；至於大衛・林區，確切地說便是史匹柏的解藥，他讓電影變成喚醒惡夢的機器。

今天的義大利則有兩位風格迥異的電影大師：一位是擅長表現歷史、歌劇與抒情風格的貝托魯齊，另一位則是莫雷堤，描繪的

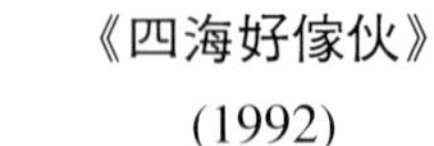

《四海好傢伙》(1992)
史柯西斯藉著敘述罪犯的故事表現出日常的美國；三段時期、三個故事、三種拍攝方式彼此巧妙地連接在一起。

是與日常生活的幽默相抵觸，而且常帶有自傳色彩的祕密。伴隨著民主西班牙與莫維達運動*的發展，誕生了一種新電影，其中的代表人物就是阿莫多瓦，他用強烈豐富的色彩拍攝通俗劇，並且用盡各種可能的方法來追求真實。英國的電影工作者都來自英國國家廣播公司*，他們致力於拍攝社會的苦難、失業情形、危機以及存在於英國工人間的暴力，肯尼斯・洛區與史蒂芬・佛瑞爾斯拍攝的影片除了有英國電影的粗獷、暴力和寬宏特色，還有一種模仿不來的優雅風格。德國電影包含了揭露事實的暴力（法斯賓達）和世界共通的逃避特質（文・溫德斯）。前蘇聯的電影工作者則被迫採取隱喻的方式來表現，米哈爾科夫便曾是其中最出色、最令人著迷的代表人物。前途茫茫的俄羅斯也迫使巴瓦・倫基尼與維塔・康尼艾夫斯卡等電影工作者去描繪歷史上的暴力和社會上的失望。

在法國，運用煽動手法的布里葉、寫實主義派的皮雅拉、描寫心理的泰希內還有憂心社會的塔維涅都是不斷在追求理想的電影工作者。懷抱著另一種想像的新一代導演正準備接棒：盧・貝松、里歐・卡霍與貝內運用豐富的畫面及色彩來描繪那些社會的邊緣人以及不斷逃避以尋求個人解脫的人物。

《笛鯛》

（史蒂芬・佛瑞爾斯，1993）

這部寫實主義和自然主義風格的英國電影沒有悲慘主義的色彩，流露出優雅的氣息。

《最喜愛的季節》

(1993)

泰希內繼承了運用心理幻想的技巧，同時也採取某種戲劇化的方式。他的電影往往表現出不為人知的心理活動，而由此突然引發的暴力又結束了這一切。

《真假大法師》

(1973)

繼《大追跡》、《大進擊》與《大寶貝》之後,《真假大法師》是導演傑哈·伍利與演員路易士·德·芬斯最後一次合作的作品。德·芬斯將所扮演的角色塑造成具有獨特戲劇性格的人物。

喜劇

默片時期的早期喜劇講求的是視覺上的效果：由插科打諢與追逐的場景中營造出喜劇效果。這類的喜劇演員大都來自馬戲團或劇團，例如法國的馬克斯·藍德、美國的卓別林、哈洛·洛伊德、巴斯特·基頓都塑造出具有獨特性格的代表人物。影史上最早的明星之一卓別林本身便是電影的一個象徵，他留給我們11部長片，其中《城市之光》、《孤兒流浪記》、《淘金熱》、《摩登時代》和《大獨裁者》是公認的傑作。除了這些單獨表演的演員外，還有兩人搭檔的勞萊與哈台和三人一組的馬克斯兄弟，他們利用彼此間的差異營造出視覺上的喜劇效果（胖子與瘦子；嚴肅的與不正經的；受害者與專制者等等）。

隨著有聲片的誕生，喜劇把對白與手勢動作結合在一起，編寫對白的電影工作者因此扮演著重要的角色。自那時起，較為民族化的喜劇便取代了以往默片時期、世界性的喜劇。義大利的《托托》系列、英國瘋瘋癲癲的「蒙蒂蟒蛇」、法國在改編《于洛先生》（賈克・大地）時的困難、路易士・德・芬斯表現的暴躁與機靈的特點都表現了喜劇的轉變，即喜劇要穿越國境已變得比較困難了。不過，加上對白的喜劇已不再是純粹的消遣，同時也增添了感情、譏諷和滑稽的成分。法國的狄・普勞加、貝杭特・布里葉及「輝煌」劇團的喜劇（巴拉斯科、李堪特、波瓦海），還有義大利的蒂諾・里斯，西班牙的阿莫多瓦都證明了喜劇上的這項轉變。美國有梅爾・布魯克斯和艾迪・墨菲致力於傳統講究視覺效果的喜劇表演，至於伍迪・艾倫則是將電影風格戲劇化的個中翹楚。描寫曲折愛情故事的感傷喜劇是數量最多的喜劇類型，瑪麗蓮・夢露、奧黛麗・赫本、碧姬・芭杜都在這類電影中有過精湛的演出。

艾迪・墨菲

插科打諢，表演這個人物特有的動作……他重現了美國電影的經典作品。

《開羅紫玫瑰》

在伍迪・艾倫的電影裡，有時現實與幻想連在一起，有時幻想又變成現實。伍迪・艾倫運用最上乘的喜劇手法，結合演員的完美演出，創造出無比成功的電影。

▲1 ▼2

科幻片

電影逐漸從神怪、科幻演變到恐怖。

這個類型的電影有自己獨特的人物：銀幕上最常出現的人物之一吸血鬼德古拉，成為一百多部電影主角的科學怪人；也有許多機器人的角色：《大都會》裡的瑪莉亞揭露了科技化世界帶來的壓迫，將犯罪與科技結合的《機器戰警》以及捍衛機器化統治的《魔鬼終結者》；《異形》裡外來的怪物；還有很多怪獸：《大金剛》、《小精靈》。

雖然有這麼多的怪物與惡魔，但還是有一些外來的不明入侵者（如《第三類接觸》、《外星人》、《鳥》），與他們接觸之後卻多多少少獲得了好的結果。史蒂芬・史匹柏的《第三類接觸》與《外星人》便證實了這種接觸不一定會導致對立的狀態，純真是可以帶來知識與和平的。

《星際大戰》是最著名的科幻片，結合了神話、神祕之旅以及關於權力和冒險的寓言。喬治・盧卡斯以圓桌武士為架構，成功地發展出今天的太空騎士，他們與邪惡對抗，冀望用正義來戰勝一切。這一系列電影已經拍攝過三部，1997年會拍攝另外三部。

《銀翼殺手》(1982)
黑色電影的題材、幻想出來的布景以及抒情的場景——雷利・史考特成功地揉合了各類型電影的要素。

(1)《異形》(1979)
異形！來自另一個世界的不明物體……這個恐怖的故事令人聯想到其他更多駭人的事。

(2)《外星人》(1982)
《外星人》從上映的那天起就成為影史上最成功的電影之一。聖經的運用、不可思議的故事、童年的純真以及史蒂芬・史匹柏的才華，都是這部電影成功的主要原因。

《教父》

《教父》敘述的是移民的故事、家族的故事，也描繪了腐化政治與經濟的犯罪，表現出美國的全貌。

《看著人們倒下》(1994)

「公路電影」裡的人們擦肩而過卻不與彼此接觸。這三個男人就像三個流浪的命運，在暴力中尋找彼此，卻怎麼也感受不到對方。

黑色電影

因為黑色電影描繪了美國，所以導演和電影工作者經常拍攝這個類型的電影。

黑色電影裡出現了更為激烈的暴力：《我倆沒有明天》(1967)中，在「公路電影*」形式下的個人暴力行為；《航線臨界點》(1967)表現出受有組織的犯罪所支配的社會；《狗的一個下午》(1975) 裡，間接出現的可笑暴力使得鬧劇變成了悲劇。其他有些電影則顯示腐化和社會毀滅間的關係（例如《教父》系列）：柯波拉拍攝的《教父》(1972)在犯罪集團的神話與現實間來來去去，《教父續集》(1974) 則表現了這個組織在政治與經濟上所扮演的角色，以及在公共生活中所擁有的影響力，到了《教父第三集》(1990)，這個組織已經變成真正的跨國組織，握有淩駕在教堂與銀行之上的權力，並且正在積極地尋求合法化。

有些電影則將焦點放在蜷縮在幫派組織裡的美國：史柯西斯的《殘酷大街》及《四海好傢伙》描繪的是小混混平凡的生活，他們因為個人的喜好、家族的關係、美國中產階級的家庭環境，以及憎恨與恐懼等因素聚集在一起。最後，還有許多電影反映出在暴力和無政府主義威脅下的社會所面臨的動盪不安：《布利特》(1968)、《哈利探長》(1971)、《塞皮科》(1973)與《紐約王子》(1981)中所表現的都是那些往往不受上司賞識、但卻獨力追求正義的警官。《比佛利山超級警探》

《沈默的羔羊》

（強納森・德米）

美國電影總是不斷地去描繪自己這個已經失去純真的國家。

(1984)與《沈默的羔羊》(1991)賦予了黑人(艾迪・墨菲）和婦女（茱蒂・佛斯特）在面對命運時運用自由的機會。來自歐洲的賽吉歐・里昂尼在《四海兄弟》(1984)裡表現出黑色電影抒情與歌劇化的一面，同時也重現了美國六〇年代禁酒時期的一景。

在法國，則多虧有了梅維爾，黑色電影才得以蓬勃發展。梅維爾的電影表現從嚴謹的手法一直到抽象的風格都有（《冷面殺手》與《亡命大冒險》)，此外，這類型的電影也強調對社會的描寫（雅克・貝克的《漏洞》、安利可的《大嘴》還有喬凡尼的《最後一座名宅》)。黑色電影繼續吸引著電影工作者將夢囈、犯罪、毀滅或自我追尋，與洛多在《獵人之夜》中建立的典型結合。

法國成功的黑色電影如下：克勞德・蘇提的《馬克斯和決鬥者》、高爾諾的《黑色系列》、塔維尼耶的《完美無瑕》、貝杭特・布里葉的《冷盤》、克勞德・貝里的《再見木偶》、貝內的《明月照溝渠》、克勞德・米勒的《致命的出遊》、米歇・德維勒的《事不宜遲》、尼爾曼的《天使粉》、李堪特的《依爾先生》以及奧迪爾的《看著人們倒下》。

在歷史片中應該講什麼話？德瑞克·賈曼在《國際密碼戰》中採取了最根本的解決之道——讓電影中的人物說拉丁語。安諾拍攝《人類創世》時，要求安東尼·柏格斯（《發條橘子》作者）為史前人類創造出一種語言，然而在《公元前一百萬年》裡，人們則是藉由擬聲的方式來表達。福克納選擇讓《法老的大地》的演員在劇中像美國南部貴族那樣地說話。庫柏力克在《萬夫莫敵》中為了呈現羅馬的面貌，要貴族講傳統的莎士比亞英語，好與說美國口音的奴隸相對比。費里尼在《愛情神話》中，將希臘語、拉丁語和義大利語混合在一起，以表現與鄉村交流後的羅馬社會的特徵。

歷史片

所有偉大的電影都選擇以歷史片的形式呈現，來為故事增添激昂的色彩與評論的意味。

有的歷史片圍繞著一個事件（《國家的誕生》、《波坦金戰艦》、《奧斯坦利茨戰役》、《最長的一日》），有的是刻劃一個人物（《恐怖伊凡》、《林肯》、《波拿巴特家族》、《拉法葉》、《巴維爾的路易二世》、《阿拉伯的勞倫斯》），有的則描繪在危機重重的社會下，處於邊緣的啟示者（雷奈的《史達維斯基》與夏布洛的《三面夏娃》），還有的敘述悲慘的事件以喚起民族的記憶（維斯康堤

《諸神的黃昏》(1969)

維斯康堤透過巴維爾的路易二世這個人物，描繪出神明、時代以及社會階級的衰微……故事的最後，各民族覺醒了。

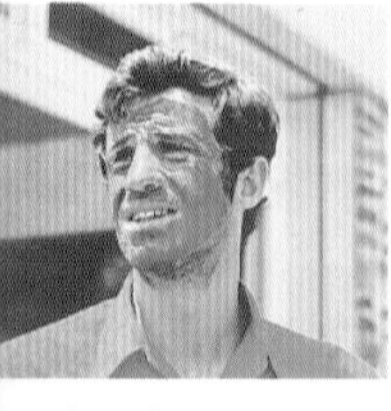

1954年為義大利拍攝的《戰國妖姬》；路易・馬盧1973年的《迷惘少年》、米歇・米船尼1974年的《羅浮宮的長廊》、阿利歐1970年的《卡米扎爾》都是為法國而拍的；麥可・西米諾為美國拍攝的《越戰獵鹿人》和《天國之門》；法斯賓達為德國而拍的《瑪麗布朗的婚姻》)。

歷史片除了以劇情片的面貌出現外，有時還會採用紀錄片的形式，例如馬歇爾・歐佛斯的《悲哀與憐憫》(1971)與《旅館終點》(1988)以及塔維尼耶的《無名之戰》(1993)都是紀錄性歷史片的典範。

透過這些電影所描繪的事件與人物，我們不但看到了過去，也看到了現在。

《阿拉伯的勞倫斯》
(1963)
壯麗的史詩，一個男子的命運與他遭遇的失敗。將大小場面巧妙安排的藝術、精湛的導演手法以及精彩的演出，使得《阿拉伯的勞倫斯》（大衛・連）成為影史上不朽的傳奇。

《現行犯罪》(1994)
攝影機拍下日常生活的一切，攝影者的存在逐漸被遺忘，最後甚至達到隱形的境界。

紀錄片

盧米埃兄弟和喬治・梅里耶以雙重的觀點來看電影，他們認為電影首先有紀錄的作用，另外還可以用來講故事。從電影發展的初期到現在，紀錄片一直是人們探究的主題。

羅勃・佛萊赫堤（《艾阮的人》）和喬治・羅基爾（《法雷比克》）是當代兩位拍攝紀錄片的大師。在紀錄片的製作上，有兩種趨勢：一種是建立在客觀觀察上的探索，例如尚・胡許（1958年的《我，一個黑人》)和雷奈（1956年的《夜與霧》)；另一種則從主觀的觀點出發,譬如克利斯・馬蓋（《北京的一個星期天》)，還有安妮・華達和富藍余的影片中也可以找到這樣的手法。對紀錄片感興趣的電影工作者不斷地進行探索，也不斷有新的發現，並且在紀錄片中表現出「新浪潮*」的美學觀。

雷蒙・德巴爾唐將自己變成「攝影機」，在拍攝者和被拍攝者間建立起一種新的關係。在《記者》(1986)、《社會新聞》(1983)、《急診》(1988)和《現行犯罪》(1994)這樣的寫實電影中，已不再有所謂主觀與客觀、劇情片與紀錄片的差別。

《夜與霧》(1956)
為了永遠銘記在黑夜裡從集中營逃出的可怕旅程。

文學中的好萊塢

一我嘛，喜歡好萊塢。
一挺不錯的。忘憂國度裡的一個露天城市。這是誰的格言?
是我的。好萊塢是屬於頑強的人的，但是我呢，才剛從喬治亞州的塞芬那兒來到這裡。第一天我去園遊會，主人緊緊握住我的手，可是後來卻拋下了我。

那兒什麼都有：游泳池、每平方公分兩美元的綠色青苔、邊喝水邊玩耍的貓咪……沒有人理我，連一個人都沒有。我向六、七個人搭訕，可是他們不應我。就這樣待了一個小時、二個小時，後來，我從坐的地方站起來，像瘋子一樣地快步逃走。

在回旅館前，我覺得自己被剝奪掉一切合法的身份。到旅館後，接待員把寫著我名字的信遞給了我。

Francis Scott Fitzgerald,
1941年最後的闊佬
(*Le Dernier Nabab, 1941*),
Gallimard, 1976.

遠處是比佛利山莊，左邊有米高梅影片公司，然後是派拉蒙影片公司，還有那矗立在城市上空、把陽光給留在船艙裡的半艘大客輪，而這時整個大平原還籠罩在陰影之下。在海邊的感覺很好。想起從外地來的美麗女孩，她們為了來到這裡，把自己奉獻給來那些自全世界的、自以為是阿拉伯酋長的年輕人，總之投靠那些只知道片廠的年輕人。

Paul Morand,
美國，抒情相簿
(*USA, album de photographies lyriques*),
Plaisir du bibliophile, 1928.

當代電影工作者及電影

阿莫多瓦 (Pedro Almodovar)	慾望法則(*La Loi du désir*) (1986)，崩潰邊緣的女人(*Femmes au bord de la crise de nerf*) (1987)，高跟鞋(*Talons aiguilles*) (1992)，我祕密的花朵(*La Fleur de mon secret*) (1995)。
勞勃・阿特曼 (Robert Altman)	外科醫生(*Mash*) (1970)，私生活(*Le Privé*) (1973)，超級大玩家(*The Player*) (1992)，銀色、性、男女(*Short Cuts*) (1993)，雲裳風暴(*Prêt-à-porter*) (1995)。
安東尼奧尼 (Michelangelo Antonioni)	情事(*L'Avventura*) (1960)，夜(*La Nuit*) (1961)，春光乍洩(*Blow-Up*) (1967)，女人城(*Identification d'une femme*) (1982)。
貝內 (Jean-Jacques Beineix)	歌劇紅伶(*Diva*) (1980)，巴黎野玫瑰(*37°2 le matin*) (1985)。
柏格曼 (Ingmar Bergman)	小丑之夜(*La Nuit des forains*) (1953)，第七封印(*Le Septième Sceau*) (1956)，野草莓(*Les Fraises sauvages*) (1957)，沈默(*Le Silence*) (1963)，哭泣與耳語(*Cris et chuchotements*) (1972)。
貝托魯齊 (Bernardo Bertolucci)	同流者(*Le Comformiste*) (1970)，巴黎最後探戈(*Dernier Tango à Paris*) (1972)，一九〇〇(*1900*) (1976)，末代皇帝(*Le Dernier Empereur*) (1987)。
盧・貝松 (Luc Besson)	最後決戰(*Le Dernier Combat*) (1980)，碧海藍天(*Le Grand Bleu*) (1988)，霹靂煞(*Nikita*) (1992)，終極追殺令(*Léon*) (1994)。
布里葉 (Bertrand Blier)	跳華爾滋的人(*Les Valseuses*) (1974)，冷盤(*Buffet froid*) (1979)，晚禮服(*Tenue de soirée*) (1986)，美得過火(*Trop belle pour toi*) (1989)，感謝生命(*Merci la vie*) (1991)。
布烈松 (Robert Bresson)	死囚逃生記(*Un condamné à mort s'est échappé*) (1956)，驢子的生涯(*Au hasard Balthazar*) (1966)，錢(*L'Argent*) (1983)。
布紐爾 (Luis Buñuel)	黃金時代(*L'Âge d'or*) (1930)，被遺忘的人(*Los Olvidados*) (1953)，維莉狄亞娜(*Viridiana*) (1961)，中產階級拘謹的魅力(*Le Charme discret de la Bourgeoisie*) (1972)。

卡霍
(Leos Carax)

男孩遇見女孩 (*Boy meets girl*) (1984)，壞痞子 (*Mauvais Sang*) (1989)。

卡薩維蒂
(John Cassavetes)

美國的影子(*Shadows*) (1961)，丈夫(*Husbands*) (1970)，權勢下的女人(*Une femme sous influence*) (1974)，女煞葛洛莉(*Gloria*) (1980)。

柯波拉
(Francis Ford Coppola)

教父 (*Le Parrain*) (1972–1993)，現代啟示錄 (*Apocalypse now*) (1979)，鬥魚(*Rumble fish*) (1984)。

法斯賓達
(Rainer Werner Fassbinder)

四季商人 (*Le Marchand des quatre saisons*) (1971)，自由武衛 (*Le Droit du plus fort*) (1974)，瑪麗布朗的婚姻 (*Le Mariage de Maria Braun*) (1978)，蘿拉(*Lola, femme allemande*) (1981)。

費里尼
(Federico Fellini)

大路(*La Strada*) (1954)，甜蜜生活(*La Dolce Vita*) (1960)，八又二分之一(*Huit et demi*) (1963)，阿瑪珂德(*Amarcord*) (1973)。

佛瑞爾斯
(Stephen Frears)

英國：年少輕狂 (*My Beautiful Laundret*) (1985)，笛鯛 (*The Snapper*) (1993)；美國：危險關係 (*Les Liaisons dangereuses*) (1988)，騙徒(*Les Arnaqueurs*) (1990)。

高達
(Jean-Luc Godard)

斷了氣 (*À bout de souffle*) (1954)，狂人皮埃洛 (*Pierrot le fou*) (1965)，蔑視(*Le Mépris*) (1964)，新浪潮(*Nouvelle Vague*) (1991)。

希區考克
(Alfred Hitchcock)

蝴蝶夢 (*Rebecca*) (1940)，後窗 (*Fenêtre sur cour*) (1964)，北西北(*La Mort aux trousses*) (1959)，驚魂記(*Psychose*) (1959)，鳥(*Les Oiseaux*) (1963)。

庫柏力克
(Stanley Kubrick)

2001 太空漫遊 (*2001 L'Odyssée de l'Espace*) (1968)，發條橘子(*Orange mécanique*) (1971)。

黑澤明
(Akira Kurosawa)

羅生門(*Rashomon*) (1950)，蜘蛛巢城(*Le Château de l'Araignée*) (1957)，七武士(*Les sept Samouraï*) (1954)，影武者(*Kagemusha* (1980)。

柯蕊 (Diane Kurys)	薄荷汽水 (*Diabolo menthe*) (1977)，我們之間 (*Coup de foudre*) (1981)。
洛區 (Kenneth Loach)	家庭生活 (*Family Life*) (1972)，凝視與微笑 (*Looks and Smiles*) (1981)，雨石 (*Raining Stones*) (1993)，土地與自由 (*Land and Freedom*) (1995)。
大衛・林區 (David Lynch)	象人(*Elephant Man*) (1980)，藍絲絨(*Blue Velvet*) (1985)，我心狂野(*Sailor et Lula*) (1990)。
莫雷堤 (Nanni Moretti)	畢安卡(*Bianca*) (1984)，彌撒結束了(*La Messe est finie*) (1986)，祕密日記(*Journal intime*) (1994)。
皮雅拉 (Maurice Pialat)	我們不會白頭偕老(*Nous ne vieillirons pas ensemble*) (1972)，露露(*Loulou*) (1979)，給我們的愛(*À nos amours*) (1983)，惡魔天空下(*Sous le Soleil de Satan*) (1987)。
雷 (Satyajit Ray)	音樂沙龍(*Le Salon de Musique*) (1957)。
雷奈 (Alain Resnais)	去年在馬倫巴 (*L'Année dernière à Marienbad*) (1961)，天意 (*Providence*) (1977)，史達維斯基(*Stavisky*) (1974)。
史柯西斯 (Martin Scorsese)	計程車司機(*Taxi Driver*) (1976)，蠻牛(*Raging Bull*) (1979)，四海好傢伙(*Les Affranchis*) (1992)。
史蒂芬・史匹柏 (Steven Spielberg)	大白鯊(*Les Dents de la mer*) (1975)，法櫃奇兵(*Indiana Jones et les aventuriers de l'Arche perdue*) (1981)，外星人 (*E.T.*) (1982)，辛德勒的名單(*La Liste de Schindler*) (1994)。
塔可夫斯基 (Andreï Tarkovski)	安德烈・盧布列夫 (*Andreï Roublev*) (1966)，鏡子 (*Le Miroir*) (1974)，潛行者(*Stalker*) (1979)。

塔維尼耶 (Bertrand Tavernier)	聖保羅的鐘錶匠 (*l'Horloger de Saint-Paul*) (1974)，宴會開始 (*Que la fête commence*) (1975)，法官與殺人犯 (*Le Juge et l'Assassin*) (1976)，完美無瑕(*Coup de torchon*) (1982)，活著且沒有其他(*La Vie et rien d'autre*) (1992)，誘惑(*L'Appât*) (1995)。
泰希內 (André Téchiné)	法蘭西之憶 (*Souvenirs d'en France*) (1974)，美利堅飯店 (*Hôtel des Amériques*) (1981)，犯罪現場(*Le Lieu du crime*) (1986)，最喜愛的季節(*Ma saison préférée*) (1994)。
楚浮 (François Truffaut)	四百擊 (*Les 400 Coups*) (1954)，夏日之戀 (*Jules et Jim*) (1961)，巫山雲 (*Histoire d'Adèle H*) (1975)，最後地下鐵 (*Le Dernier Métro*) (1980)。
華達 (Agnès Varda)	從五點到七點的克麗歐 (*Cléo de 5 à 7*) (1962)，天涯是我家 (*Sans toit ni loi*) (1985)。
威爾斯 (Orson Welles)	大國民(*Citizen Kane*) (1941)，上海小姐(*La Dame de Shanghaï*) (1948)，審判(*Le Procès*) (1963)。
文・溫德斯 (Wim Wenders)	愛麗絲漫遊記 (*Alice dans les villes*) (1973)，邂逅 (*Au fil du temps*) (1975)，慾望之翼(*Les Ailes du désir*) (1987)。

法國電影工業

已存檔的電影	100000
放映片	4400
藝術與實驗放映廳	750
發行商	160
製片	200
導演	850
演員	12000
（每年）上映的電影	450
（每年）拍攝的電影	130
出售的電影錄影帶	3000萬
電視上播映的電影	1400

補充知識

電影——一種工業

法國電影工業的蓬勃發展，應歸功於帕泰．高蒙特（從一個世紀前就已經開始創作電影）和UGC 三大製片集團，這三大集團握有大約250億法郎的資金，負責整合電影院業者、發行商、宣傳人員與相關管理機構的工作。

另外又有兩個新的集團興起：統整電視、錄影帶及製片業務的多頻集團和布格集團（旗下有法國電視一臺與西比2000），擁有的資金加起來大約有100億法郎。電影工業愈來愈常與一些龐大的工業集團或銀行團體結合在一起。

這整個系統確保了法國電影在歐洲工業與藝術方面的主宰地位。

世界各地一年的電影觀眾人數

美國		10億
歐洲：		6億5000萬
其中：	法國	1億2000萬
	英國	1億1000萬
	德國	1億500萬
	義大利	8700萬
	西班牙	8300萬
日本		1億4500萬
中國		200億
印度		40億

輝煌的紀錄：法國史上最成功的電影

（觀眾人數以百萬為單位）

到處遊蕩（法國）	17.2
狂沙十萬里（義大利）	14.8
時空急轉彎（法國）	14.3
十誡（美國）	14.2
賓漢（美國）	13.8
桂河大橋（美國）	13.4
森林王子（美國）	12.5
最長的一日（美國）	11.9
笨蛋（法國）	11.7
101忠狗（美國）	11.6
貴族貓（美國）	10.4
三個奶爸一個娃（法國）	10.2
納瓦霍的炮（美國）	10.2
悲慘世界（法國）	9.9
齊瓦哥醫生（美國）	9.8
鈕扣之戰（法國）	9.7
熊（法國）	9.1
艾曼紐（法國）	8.9
碧海藍天（法國）	8.9
外星人（美國）	8.9

補充知識

電影的服裝設計

電影與服裝設計師的關係是多變的。比頓為奧黛麗．赫本設計了《窈窕淑女》中的豪華服飾；不過，赫本在電影中所穿的服裝大部分都是由紀梵希所設計的，在真實生活裡，赫本也成了他的老主顧和好朋友。

香奈兒、聖一羅蘭、皮爾．卡登則較少在電影中大顯身手：只有香奈兒曾應維斯康堤之邀為羅米．施耐德設計服裝；《地下鐵》裡的伊莎貝拉．艾珍妮、《美好的日子》之後的凱薩琳．丹妮芙都是由聖一羅蘭擔任設計師；自《夏娃》之後，皮爾．卡登又為珍妮．摩露設計了多齣電影的戲服。

義大利的亞曼尼受邀設計《教父》片中所有的服裝。

八〇年代時，服裝設計師的創意與電影工作者的想像結合在一起：山本洋二與文．溫德斯以及高提耶與阿莫多瓦。

編劇與導演

編劇與導演的關係有了很大的轉變。兩者長期以來一直屬於兩個不同的領域，劇本一旦完成，除非分鏡上有需要，導演才會更改劇本。

然而，今天卻有越來越多的導演參與劇本的編寫，有時他們會提出一個主題，再請編劇寫成劇本。法國與歐洲的電影界有許多著名的導演與編劇的組合。

導演克勞德．蘇提與編劇達巴蒂攜手創造了《生活的事情》、《友情》、《凱撒與羅薩利》及《簡單的故事》。

導演布紐爾與編劇卡希埃或編寫或改編合作創造出《廚娘日記》、《銀河》、《中產階級拘謹的魅力》、《自由的幻影》和《朦朧的慾望》。

導演波蘭斯基大部分的電影都是由他和編劇布拉希合作編寫的，例如《黛絲姑娘》、《吸血鬼》、《死結》、《反撥》、《海盜》與《驚狂記》。

還有些是導演與編劇全都自己來的，就像法國的布里葉自編自導完成了《跳華爾滋的人》、《冷盤》、《晚禮服》與《美得過火》，還有美國的伍迪．艾倫也是這樣創作出《香蕉》、《安妮霍爾》、《曼哈頓》、《變色龍》、《開羅紫玫瑰》、《愛與罪》、《百老匯上空子彈》和《賢伉儷》。

一般書籍

André Bazin, 電影是什麼?(*Qu'est-ce que le cinéma*?), Éditions de Minuit.

Jacques Legrand (sous la dir. de), 電影編年史(*Chronique du cinéma*), Chronique.

François Truffaut, 與希區考克的對話(*Entretiens avec Alfred Hitchcock*), Ramsay.

Jacques Pécheur, 今日法國電影(*Le Cinéma français aujourd'hui*), Hachette.

René Prédal, 1945年後的法國電影(*Le Cinéma français depuis 1945*), Nathan.

Jacques Siclier, 法國電影（2卷；圖解）(*Le Cinéma français 2 vol. illustrés*), Ramsay.

René Prédal (sous la dir. de), 今日法國的900名電影工作者(*Neuf cents cinéastes français aujourd'hui*), Cerf.

雜誌

電影筆記(*Les Cahiers du cinéma*), 9, passage de la Boule, 75012 Paris.

正片(*Positif*), Éditions POL, 8, villa d'Alésia, 75014 Paris.

銀幕前(*Avant-Scène Cinéma*), 6, rue Gît-le-cœur, 75006 Paris.
每期討論一部電影剪輯後的分鏡（附完整對話）的刊物。

電影索引(所有的影片)(*Fiches du cinéma (tous les films)*), Éditions Chrétiens Médias.
年鑑（收錄巴黎每年出品的影片）

首映(*Première*), 23-25, rue de Berri, 75388 Paris cedex 08.

青年電影(*Télérama Junior*), 129, bd Malesherbes, 75848 Paris cedex 17.

電影資料館

法國有些機構負責保留、修復並放映早期的一些電影。

電影檔案處(*Le service des Archives du film*),
國立電影中心(*Centre national de la cinématographie*), 7 bis, rue Alexandre-Turpault, 78930 Bois-d'Arcy.
同時也保存了照相機與廣告片的收藏。

法國電影資料館(*La Cinémathèque française*), Palais de Chaillot, avenue Albert-de-Mun, 75016 Paris.
還包括一個博物館、一個圖書館和一個相片檔案館。

土魯斯電影資料館(*La cinémathèque de Toulouse*), 3, rue Roquelaine, 31000 Toulouse.
還擁有一個資料中心。

大學電影資料館(*La Cinémathèque universitaire*), 13, rue de Santeuil, 75013 Paris.

電影博物館

亨利・朗格瓦博物館(*Musée Henri-Langlois*)
法國電影資料館(*Cinémathèque française*)（見上）。

國立工藝博物館(*Conservatoire national des arts et métiers*), 292, rue Saint-Martin, 75003 Paris.
擁有電影攝影機的重要收藏。

奧塞博物館(*Musée d'Orsay*), 1, rue de Bellechasse, 75007 Paris.
擁有早期電影的收藏室並會安排電影的放映。

專業機構

盧米埃學院(*Institut Lumière*), 25, rue du Premier-Film, 69352 Lyon.
也是電影博物館與資料中心，並會放映電影。

喬治・梅里耶同好會(*Les Amis de Georges Méliès*), 11, rue de Belzunce, 75010 Paris.
收藏梅里耶的電影。

尚・維果學院(*Institut Jean-Vigo*), Palais des congrès, 66000 Perpignan.
專門研究電影史，並出版雜誌與書籍，策劃影展和專業研討會。

專業培訓

諮詢：CFA AFOMAV（負責培訓視聽技術人才）， 20, rue de châtillon, 75014 Paris.
電話：45. 41. 24. 42.

CAP/BEP 程度 (*Niveau CAP/BEP*)
CAP:培訓放映員與攝影師。
BEP:培訓視聽設備研發人才。

中學會考後程度 (*Niveau Post-Baccalauréat*)
BTS視聽機構。
可以選擇：視聽設備的研發與維修；研發、維修、保養及管理上的技術人員；視聽製作與演出的行政部門；監製工作；剪輯；影像處理，攝影助理，特效技術人員；錄音人員。

專業文憑
DEUST（科學與技術方面的大學文憑）
艾克思－馬賽第一大學 (*Aix-Marseille I*)，巴黎第十大學(*Paris X*)。

一般文憑
MST（科技碩士）。
DEUG（中學會考後的一般高等文憑）及DESS（專業高等文憑），會考成績須達+4。依不同大學有不同的專業科目。
電影與視聽的學士及碩士文憑。
艾克思－馬賽第一大學 (*Aix-Marseille I*)，里昂第二大學 (*Lyon II*)，蒙佩特利爾第三大學(*Montpellier III*)，南錫第二大學(*Nancy II*)，巴黎第一大學 (*Paris I*)，巴黎第三大學 (*Paris III*)，巴黎第七大學 (*Paris VII*)，巴黎第八大學 (*Paris VIII*).

學校
盧米埃國立學校(*École nationale Louis-Lumière*), 7, allée du Promontoire, 93161 Noisy-le-Grand cedex.
電話：45. 92. 23. 33.
可以選擇：攝影、電影與錄音。
學制：3年。中學會考成績須達+2。入學考試很嚴格。最全面的技術培訓。

DMA 燈光管理 (*DMA Régie Lumière*),
嘉布里葉－居斯東公立中學 (*Lycée Gabriel-Guisthau*), 44000 Nantes.
電話：40. 73. 67. 92.
培訓燈光監督人才。學制：2年。

佛米(*Femis*)
（培訓並教育錄音與影像處理技術的學院）
帕頓片廠(*Studio Pathé*), 6, rue Francœur, 75018 Paris.
電話：42. 62. 20. 00.
從前的IDHEC。較盧米埃國立學校更注重藝術創作、劇本編寫、導演工作與剪輯等等。學制：3 年。中學會考成績須達+2。

補充知識

本詞庫所定義之詞係在正文中以星號 (*) 標出，以中文筆劃為順序排列。

二　劃

人民陣線(Front populaire)
結合所有左派力量（激進黨、社會黨及共產黨）的運動，1936年取得政權，神話般地建立了休假照發工資以及每週工作40小時的制度。

三　劃

三色(Trichrome)
裝著三原色（藍、紅、黃）底片的攝影機拍攝出的顏色。

工作拷貝(Copie de travail)
剪接師工作用的影片。

四　劃

公路電影(Road moovie)
將一個人物的旅程戲劇化描繪的電影。

分鏡技術腳本
(Découpage technique)
記載著關於拍攝技巧的指示。

分鏡表(Storyboard)
拍攝前先將鏡頭內規劃好的情況畫出來，以便用畫面來掌握分鏡的概念。

分鏡劇本(Découpage)
記錄著編了號的鏡頭資料，提供要拍攝片段戲劇上的參考（聲音或視覺）。

反拍鏡頭(Contrechamp)
攝影機拍攝時的方向與前一個鏡頭的方向相反。

巴洛克風格(Baroquisme)
過度的裝飾風格。

毛片(Rushes)
供剪接用的第一份正片。

五　劃

平穩支架(Steadycam)
由一位技術人員戴著，攝影機則安置在上面，當技術人員走動時，攝影機也不會因此震動。

正拍鏡頭(Champ)
攝影機的鏡頭所選擇的空間。

白色電話(Téléphones blancs (Téléfoni bianchi))
墨索里尼時期的義大利喜劇，劇中表現的人物和地點均與社會的真實情況脫節。

六　劃

仰角鏡頭(Contreplongée)
取景時，攝影機朝上。

企業識別標誌(Logotype)
識別用的圖形商標。米高梅的獅子是電影界最著名的企業識別標誌；在法國則有帕森的公雞和高蒙特的雛菊。

光學印片機(Truca)
在暗房裡進行特殊效果攝影的光學儀器，就像一部可以拍攝其他底片畫面的攝影機，例如可以利用原先兩個不同的底片創造出一個畫面，節省下寶貴的拍攝時間。有了光學印片機，便可以創造出從淡出到黑色、及多重曝光的效果。

全景銀幕(Écran panoramique)
可放映比原先標準規格更寬影像的銀幕。

全景鏡頭(Panoramique)
一種攝影機運動；攝影機圍著一個軸心拍攝。

同步效果(Synchrone)
同步錄音的品質。

血腥片(Film gore)
有許多血腥場面的恐怖片。

七　劃

希區考克式(Hitchcockien)
結合懸疑與幽默的電影風格。

改編(Adaptation)
把文字作品搬上銀幕。

八　劃

取景(Cadrage)
把影像定位在攝影機或放映機的鏡頭內，也就是把拍攝主題放在拍攝的範圍內。

放映權利金
(Droits audiovisuels dérivés)
包含了在電視上播映、在電影院放映以及製成商業錄影帶等的版權收入。

明星制度(Star system)
以明星為電影最重要的王牌，並藉此提高經濟與藝術上的價值。

九　劃

後期製作(Postproduction)
電影拍攝完成後的製作工作。

拷貝(Copie)
放映用的電影正片。

段落鏡頭(Plan séquence)
不經剪接，而以單一的鏡頭來表現完整的一場戲。也可以指取景的方法：遠景、特寫及中景等。

英國國家廣播公司(B.B.C.)
英國一家國有的廣播公司。

音效(Effets sonores)
電影中除了對白與音樂以外的任何聲音。

音效師(Bruiteur)
負責音效製作的專業技術人員。

音效製作(Bruitage)
在錄音室內重新錄製影片的聲音並模擬某些聲響。

十　劃

俯角鏡頭(Plongée)
攝影機朝下取景。

娛樂新聞的編輯(Échotiers)
好萊塢報導明星公開活動與私生活的雜誌記者。

特效(Effets spéciaux)
製造特殊影像及聲音的技巧與程序。

特藝彩色(Technicolor)
最早表現彩色的方法（見三色）。

配切鏡頭(Plan de coupe)
用來使剪接的鏡頭間產生連續感。

十一劃

剪接(Coupe)
製作影片的過程之一。目的在經由素材的選擇、增刪、編排與過帶，使播放或放映達到理想的效果。

國家電影中心的資助
(Avance sur recettes)
法國國家電影中心提供資金協助電影的拍攝。

國際版聲帶
(Bande internationale)
上面錄製了一部電影除了對白以外的所有聲音，以便於製作成不同的外語版本。

望遠鏡頭(Téléobjectif)
一種體積較小的鏡頭，可以用來拍攝較遠的物體。

莫維達運動(Movida)
西班牙的文化運動，伴隨產生了西班牙的民主化。

十二劃

景框(Cadre)
記載在電影裡的視覺空間。

十三劃

微軟公司(Microsoft)
一家居於領導地位的軟體公司。

新政(New Deal)
1929年美國經濟危機時，由羅斯福總統提議讓國家來干預經濟的大規模計畫。

新浪潮(Nouvelle Vague)
電影筆記所推動的藝術運動，認為導演是電影唯一的創作者。

新藝拉瑪體(Cinérama)
亞伯・岡斯在《拿破崙》中發明的三聯影像；六〇年代時，《征服西部》與《瘋狂的世界》等壯觀的影片又重新採用了這個方法。

新藝綜合體(Cinémascope)
20 世紀福斯影片公司所發明的、利用變形方式* 在較寬的銀幕上放映的電影。

跳接(Coupe franche)
在一個鏡頭與另一個鏡頭之間跳過了過渡的時間。

零拷貝(Copie zéro)
第一份同時有畫面與聲音的拷貝。

十四劃

漸變(Morphing)
直接看到一個人物逐漸變形的方法。

監製(Producteur exécutif)
代替製片人負責製作的藝術與財政工作。

綜合娛樂館(Multiplexes)
新興的娛樂場所，擁有12個以上的放映廳，還有寬銀幕電影和酒吧等等。

十五劃

影音同步(Synchronisation)
聲音與畫面同時錄製。

標準拷貝或發行拷貝(Copie standard, Copie d'exécution)
在放映廳放映的拷貝。

十六劃

選角(Casting)
尋找適合角色的演員。

錄音室(Auditorium)
用來錄製聲音、製作音效或進行混音的隔音室。

十七劃

環境聲音(Ambiance sonore)
構成一個場景聲音內容的所有聲音。

十九劃

鏡頭(Plan)
攝影機從開機到關機的連續時間內所紀錄下來的整個影像。

鏡頭推移(Travelling)
一種攝影機運動；攝影機在移動的臺車或推車上跟著動作拍攝。

二十三劃

變形方式(Anamorphose)
用水平壓縮的方法使圖像變形。

所標頁碼為原書頁碼，從粗體號碼的書頁裡可以歸納出該詞完整的意思。

三　劃

大地(Tati (J.)) 12, 77
大咖啡館(Grand Café) 26
小林（正樹）(Kobayashi (M.)) 11
山耐(Sennett (M.)) 6, 10, 12, 62

四　劃

丹妮芙(Deneuve (C.)) 19
公路電影(Road moovie) 80
分鏡表(Storyboard) 34, 47
化妝師(Maquilleuse) 35
巴拉斯科(Balasko (J.)) 77
巴爾(Barr (J.-M.)) 20
巴羅(Barrault (J.-L.)) 65
巴贊(Bazin (A.)) 72
方達(Fonda (H.)) 16
比提(Beatty (W.)) 17
毛片(Rushes) 52

五　劃

仙諾(Signoret (S.)) 19
加斯曼(Gassman (V.)) 16
功夫(Kung-fu) 24
卡內(Carné (M.)) 64, 65
卡瓦里耶(Cavalier (A.)) 70
卡霍(Carax (L.)) 75
卡薩維蒂(Cassavetes (J.)) 74
古柏(Cooper (G.)) 16
古達(Coutard (R.)) 43
史匹柏(Spielberg (S.)) 6, 30, 74, 79
史瓦辛格(Schwarzenegger (A.)) 24
史托拉羅(Storaro (V.)) 43
史考特(Scott (R.)) 14
史東(Stone (S.)) 18
史柯西斯(Scorsese (M.)) 74, 80
史特龍(Stallone (S.)) 15, 25
史都華(Stewart (J.)) 14, 16
史翠普(Streep (M.)) 19
尼文(Niven (D.)) 16
尼克遜(Nicholson (J.)) 17
尼爾曼(Niermans (E.)) 81
布里葉(Blier (B.)) 75, 77, 81
布倫索(Brasseur (P.)) 65
布朗遜(Bronson (C.)) 14
布烈松(Bresson (R.)) 73
布紐爾(Buñuel (L.)) 73
布景師(Décorateur) 35, **36–37**
布萊納(Branagh (K.)) 32
布爾雅爾(Bourvil) 13
布魯克斯(Mel Brooks) 77
平臺建築師(Architecte de plateau) 35
平臺攝影師(Photographe de plateau) 35
平穩支架(Steadycam) 44
弗林(Flynn (E.)) 15
白蘭度(Brando (M.)) 17, 38
皮柯利(Piccoli (M.)) 16
皮雅拉(Pialat (M.)) 11, 75

六　劃

伊斯威特(Eastwood (C.)) 14
仰角鏡頭(Contreplongée) 49
全景(Panoramique) 48
印斯(Ince (T.)) 62
吉尼斯(Guinness (A.)) 16
好萊塢(Hollywood) 6–7, 62
安利可(Enrico (R.)) 81
安東尼奧尼(Antonioni (M.)) 11, 73
托托(Toto) 77
米契姆(Mitchum (R.)) 16
艾珍妮(Adjani (I.)) 11, 19
艾倫(Allen (W.)) 13, 32, 77
艾森斯坦(Eisenstein (S. M.)) 54, 63
西米諾(Cimino (M.)) 83
西部片(Western) 69

七　劃

佛里達(Freda (R.)) 9
佛斯特(Foster (J.)) 81
佛瑞爾斯(Frears (S.)) 75
克利夫(Clift (M.)) 17
克金(Culkin (M.)) 23
克勞馥(Crawford (J.)) 19
克萊曼(Clément (R.)) 10
克魯斯(Cruise (T.)) 17
坎城(Cannes) **10–11**
希區考克(Hitchcock (A.)) 21, 72
李小龍(Bruce Lee) 24
李堪特(Leconte (P.)) 77, 81
杜甫仁科(Dovjenko (A.)) 63
杜寧(Donen (S.)) 68
狄・普勞加(De Broca (P.)) 70, 77
狄尼洛(De Niro (R.)) 17
狄米爾(B. De Mille (C.)) 6
狄西嘉(De Sica (V.)) 9, 16, 67
狄恩(Dean (J.)) 17, 39
角度(Angles) 34, **48–49**
貝內(Beineix (J.-J.)) 37, 75, 81
貝托魯齊(Bertolucci (B.)) 74
貝克(Becker (J.)) 64, 81
貝辛格(Basinger (K.)) 18
貝里(Berri (Cl.)) 81
貝松(Besson (L.)) 75
貝蒙(Belmondo (J.-P.)) 15
里瓦特(Rivette (J.)) 70
里昂尼(Leone (S.))80
里斯(Risi (D.)) 9, 77

八　劃

亞金圖(Argento (D.)) 9
亞烈提(Arletty) 65
亞斯坦(Astaire (F.)) 68
卓別林(Chaplin (Ch.)) 6, 10, 12, 22, 62, 76
取景(Cadrage) 34, 35
屈賽(Tracy (S.)) 17
岡斯(Gance (A.)) 54
岡斯布爾(Gainsbourg (C.)) 23
帕西諾(Pacino (A.)) 17
底片規格(Format) 45
彼特(Pitt (B.)) 17
拉佛遜(Rafelson (B.)) 11
放映廳(Salle) **26–27**
旺蒂哈(Ventura (L.)) 14
明尼里(Minnelli (V.)) 68
明星制度(Star system) 70
服裝(Costumes) **38–39**
服裝師(Habilleuse) 35
林區(Lynch (D.)) 11, 74
河原(Teshigahara (H.)) 11
波瓦海(Poiré (J.-M.)) 77
波拉克(Pollack (S.)) 69
波蘭斯基(Polanski (R.)) 11

法斯賓達(Fassbinder (R. W.)) 11, 75, 83
芭卡爾(Bacall (L.)) 18
芭杜(Bardot (B.)) 19, 38, 77
金棕櫚獎(Palme d'or) 10
阿特曼(Altman (R.)) 11, 69, 74
阿曼卓斯(Almendros (N.)) 42
阿莫多瓦(Almodovar (P.)) 74, 77
阿斯特里克(Astruc (A.)) 72
阿爾康(Alekan (H.)) 43

九 劃

侯麥(Rohmer (É.)) 42, 70
哈柏(Hopper (D.)) 11
哈普(Huppert (I.)) 19
威利斯(Willis (G.)) 43
威廉斯(Williams (R.)) 13
威爾斯(Welles (O.)) 73
柯波拉(Coppola (F. F.)) 9, 10, 74
柯曼西尼(Comencini (L.)) 9
柯斯納(Costner (K.)) 69
查理斯(Charisse (C.)) 68
柏格曼(Bergman (I.)) 10, 73
洛伊德(Lloyd (H.)) 76
洛區(Loach (K.)) 75
珍方達(Fonda (J.)) 18
科幻片(Science-fiction) 78-79
紀錄片(Film documentaire) 84
約瑟利托(Joselito) 23
范倫鐵諾(Valentino (R.)) 15
范達美(Van Damme (J.-Cl.)) 25
迦本(Gabin (J.)) 17, 64
迦蘭(Garland (J.)) 18, 23, 68
迪士尼(Disney (Walt)) 20, 57, 58
韋恩(Wayne (J.)) 14
音樂(Musique) 54-55
音樂喜劇片(Comédie musicale) 68
音碼(IMAX) 45

十 劃

俯角(Plongée) 49
倫基尼(Lounguine (P.)) 75
唐娜薇(Dunaway (F.)) 19
夏布洛(Chabrol (Cl.)) 70, 82
庫柏力克(Kubrick (S.)) 73
朗(Lang (F.)) 63
格倫米翁(Grémillon (J.)) 64
泰山(Tarzan) 24
泰希內(Téchiné (A.)) 75
泰勒(Taylor (E.)) 8, 18, 20, 23
海華絲(Hayworth (R.)) 18
特效(Effets spéciaux) 56-57
特藝彩色(Technicolor) 50
班頓(Benton (R.)) 42
索爾特(Schroeter (W.)) 11
紐曼(Newman (P.)) 17
配音(Doublage) 40
馬文(Marvin (L.)) 14
馬立克(Malik (T.)) 42
馬克斯兄弟(Marx Brothers) 13, 76
馬茲希(Mizrahi (M.)) 42
馬斯楚安尼(Mastroianni (M.)) 16
馬盧(Malle (L.)) 83
高崗(Coogan (J.)) 22
高達(Godard (J.-L.)) 70, 73
高爾諾(Corneau (A.)) 81

十一劃

剪接(Montage) 52-53
動畫(Dessin animé) 20
基頓(Keaton (B.)) 12, 76
基爾(Gere (R.)) 16
康尼艾夫斯卡(Kanievski (V.)) 75
康納萊(Connery (S.)) 14
康萍(Campion (J.)) 11
推銷(Promotion) 58-59
梅里耶(Méliès (G.)) 62, 84
梅維爾(Melville (J.-P.)) 81
混音(Mixage) 41
畢克馥(Pickford (M.)) 6, 18
畢諾許(Binoche (J.)) 19, 59
第一助導(Premier assistant réalisateur) 35
莫尼塞里(Monicelli (M.)) 9
莫雷堤(Moretti (N.)) 11, 74
荷索(Herzog (W.)) 11
連(Lean (D.)) 10, 54, 83
雪朗多夫(Schlöndorff (V.)) 11
麥克風操作員(Perchiste) 35, 40
麥克康尼卡(Mc Conniko (H.)) 37
麥昆(Mc Queen (Steve)) 14

十二劃

凱利(Kelly (Gene)) 68
凱格尼(Cagney (J.)) 69
凱莉(Kelly (Grace)) 19
勞萊與哈台 (Laurel et Hardy) 13, 76
勞頓(Laughton (Ch.)) 81
喜劇(Comédie) 76-77
喬凡尼(Giovanni (J.)) 81
場記指導(Scripte) 35
富藍余(Franju (G.)) 84
普多夫金(Poudovkine (V.)) 63
普雷維爾(Prévert (J.))65
舒瑞德(Schroeder (B.)) 42
華依達(Wajda (A.)) 11
華達(Varda (A.)) 70, 84
菲佛(Pfeiffer (M.)) 19
費里尼 (Fellini (F.)) 8, 10, 67, 73
費南代爾(Fernandel) 13
費爾班克(Fairbanks (D.)) 6
費德爾(Feyder (J.)) 64
黑白片(Noir et blanc) 50-51
黑色電影(Film noir) 69, 80-81
黑澤明(Kurosawa (A.)) 73

十三劃

塞拉(Serra (É.)) 55
塔可夫斯基(Tarkovski (A.)) 11, 73
塔倫提諾(Tarantino (Q.)) 11, 55
塔維亞尼兄弟(Frères Taviani) 11
塔維涅(Tavernier (B.)) 75, 83
奧迪爾(Audiard (J.)) 81
奧斯卡獎(Oscar) 6, 34
新浪潮(Nouvelle Vague) 70-71
新寫實主義(Néoréalisme) 66
新藝綜合體(Cinémascope) 45
楚姆波(Trumbo (D.)) 11
楚浮(Truffaut (F.)) 10, 32, 70, 73
楊格(Young (F.)) 43
溫德斯(Wenders (W.)) 11, 43, 75
瑞福(Redford (R.)) 17, 32
置景工(Machiniste) 35

葛里菲斯(Griffith (D. W.)) 6, 62
葛倫(Grant (C.)) 16
葛蘭(Grant (H.)) 17
達里厄斯(Darrieux (D.)) 18
雷(Ray (N.)) 69
雷(Ray (S.)) 73
雷米(Raimu) 13
雷奈(Resnais (A.)) 54, 73, 82, 84
雷諾(Renoir (J.)) 64, 66
電影城(Cinecittà) **8-9**
電影筆記(*Les Cahiers du Cinéma*) 58, 70
電影資料館(Cinémathèque) 26

十四劃

嘉娜(Gardner (A.)) 19
嘉爾蒂娜(Cardinale (C.)) 19
嘉寶(Garbo (G.)) 6, 18
夢露(Monroe (M.)) 18, 38, 41, 77
漢克斯(Hanks (T.)) 6, 30
漸變(Morphing) 57
瑪娜妮(Magnani (A.)) 19
福特(Ford (H.)) 14, 38
福特(Ford (J.)) 69
福曼(Forman (M.)) 11
福賽(Fossey (B.)) 23
維斯康提(Visconti (L.)) 32, 37, 66, 73, 82
維蒂(Vitti (M.)) 19
蒙當(Montand (Y.)) 16
蒙蒂蟒蛇(Monty Python) 13, 77
蒙嘉諾(Mangano (S.)) 19
蓋博(Gable (C.)) 16
製片(Producteur) **30-31**, 34
赫布林(Rampling (C.)) 21
赫本(Hepburn (A.)) 8, 18, 77
赫遜(Hudson (R.)) 16
齊格蒙(Zsigmond (V.)) 43

十五劃

劇本(Scénario) 30, **32-33**
影像合成(Images de synthèse) 57
德・芬斯(De Funès (L.)) 13, 77
德巴狄厄(Depardieu (G.)) 17
德巴爾唐(Depardon (R.)) 84
德米(Demy (J.)) 70
德威(Duvivier (J.)) 64
德倫(Delon (A.)) 17
德維勒(Deville (M.)) 70, 81
摩根(Morgan (M.)) 19
摩露(Moreau (J.)) 17, 19
歐佛斯(Ophüls (M.)) 83
潘(Penn (A.)) 69
鄧波兒(Temple (S.)) 22
鞏俐(Li (G.)) 19
墨菲(Murphy (E.)) 77, 81
「輝煌」劇團(Splendid (équipe du)) 13

十六劃

導演(Réalisateur) 35
歷史片(Film historique) **82-83**
盧卡斯(Lucas (G.)) 6, 79
盧米埃兄弟(Frères Lumière) 62, 84
穆瑙(Murnau (F.)) 63
賴盧許(Lelouch (Cl.)) 53, 70
錄音(Ingénieur (ou opérateur) du son) 35, **40-41**
霍夫曼(Hoffman (D.)) 17
霍克斯(Hawks (H.)) 69
鮑嘉(Bogart (H.)) 14, 16, 69
默片(Cinéma muet) **62-63**

十七劃

戴維斯(Davis (B.)) 19
聲帶(Bande sonore) 40
薇佛(Weaver (S.)) 20
謝羅(Chéreau (P.))37
黛(Day (D.)) 18
黛德麗(Dietrich (M.)) 6, 19

十八劃

藍德(Linder (M.)) 12, 76
魏斯繆雷(Weissmüller (J.)) 24

十九劃

懷德(Wilder (B.)) 10
羅吉斯(Rogers (G.)) 68
羅西(Rosi (F.)) 11
羅沙(Rocha (G.)) 11
羅納(Rooney (M.)) 23
羅塞里尼(Rossellini (R.)) 10, 65
羅蘭(Loren (S.)) 19
羅蘭貝吉達(Lollobrigida (G.)) 19
鏡頭(Plans) 34, **46-47**, 52
鏡頭推移(Travelling) 48, 49
鏡頭轉換(Fondu enchaîné) 56
麗(Leigh (V.)) 19

二十劃

蘇提(Sautet (Cl.)) 81

二十一劃

攝影師(Directeur de la photo) 34, 35, **42-43**
攝影機(Caméra) 44
攝影機的移動(Mouvement) **48-49**
蘭卡斯特(Lancaster (B.)) 17, 38
露天電影(Cinéma forain) 26
露華(Novak (K.)) 19
露瑪升降機(Louma) 44

1. 歐洲的城堡
2. 法老時代的埃及
3. 羅馬人
4. 希臘人
5. 希伯來人
6. 高盧人
7. 樂器
8. 史前人類
9. 火山與地震
10. 探索與發現
11. 從行星到眾星系
12. 電影
13. 科學簡史
14. 奧林匹克運動會
15. 音樂史
16. 身體與健康
17. 神話
18. 宗教與信仰

激發你的求知慾・滿足你的好奇心

— 六篇精彩的歷險記 —

救＊難＊小＊福＊星＊系＊列

救難小福星

①魯波的超級生日
②貝索的紅睡襪
③妙莉的大逃亡
④莫力的大災難
⑤史康波的披薩
⑥韓莉的感冒

* 不會游泳的兔子魯波卻在生日那天掉進河裡…
* 蝙蝠貝索竟然從樹上掉下來……
* 老鼠妙莉被困在牛奶瓶裡，卻沒人發現她……
* 鼴鼠莫力的地道裡突然冒出了一隻龐然怪物…
* 健忘的松鼠史康波要做個特大號的堅果披薩，堅果卻不見了……
* 刺蝟韓莉感冒了，大家趕去探望，她卻一個人悄悄躲起來……

無情的災難不斷地考驗著他們，他們能否平安度過難關呢？

國家圖書館出版品預行編目資料

電影／Jacques Pécheur著;孟筱敏譯.－－初版二刷.－－臺北市：三民，2007
面；　公分.－－(人類文明小百科)
含索引
譯自：Le cinéma
ISBN 957-14-2628-8　(精裝)
1. 電影

987　　86005677

© 電　　影

著作人　Jacques Pécheur
譯　者　孟筱敏
發行人　劉振強
著作財產權人　三民書局股份有限公司
發行所　三民書局股份有限公司
地址　臺北市復興北路386號
電話　(02)25006600
郵撥帳號　0009998-5
門市部　(復北店)臺北市復興北路386號
(重南店)臺北市重慶南路一段61號

出版日期　初版一刷　1997年8月
初版二刷　2007年5月
編　號　S 040121
定　價　新臺幣貳佰伍拾元整
行政院新聞局登記證局版臺業字第○二○○號

ISBN 957-14-2628-8　(精裝)